平步青云·沟通巧技能系列

U0598279

客户沟通巧技能

刘平青 等著

電子工業出版社

Publishing House of Electronics Industry

北京·BEIJING

内 容 简 介

本书强调实用性、系统性和趣味性，从巧技能的角度介绍客户沟通，旨在帮助读者提升与客户沟通的水平，实现市场的拓展，促进销售业绩不断增长。

全书共分 4 章，第一章整体介绍沟通巧技能，第二、三、四章顺着合作前、合作中、合作后的逻辑，借助大量的案例，庖丁解牛，细致阐述了客户在哪里、如何打动他们、如何开发和粘住客户，弱势状态下心用在哪里，要注意哪些细节，要明白哪些差异，如何谈判，中国情境下如何维持与客户的交往和沟通，等等。读者可以从本书中找到自己所需要的内容。

本书适合各类市场开拓人员和感兴趣的读者阅读，亦可作为市场销售人员的培训教材。

未经许可，不得以任何方式复制或抄袭本书之部分或全部内容。
版权所有，侵权必究。

图书在版编目（CIP）数据

客户沟通巧技能 / 刘平青等著. —北京：电子工业出版社，2017.6
ISBN 978-7-121-31779-8

Ⅰ. ①客… Ⅱ. ①刘… Ⅲ. ①企业管理－销售管理 Ⅳ. ①F274

中国版本图书馆 CIP 数据核字(2017)第 123897 号

策划编辑：王二华
责任编辑：王二华
印　　刷：北京虎彩文化传播有限公司
装　　订：北京虎彩文化传播有限公司
出版发行：电子工业出版社
　　　　　北京市海淀区万寿路 173 信箱　　邮编：100036
开　　本：880×1230　1/32　印张：4.375　字数：120 千字
版　　次：2017 年 6 月第 1 版
印　　次：2022 年 7 月第 7 次印刷
定　　价：29.00 元

凡所购买电子工业出版社图书有缺损问题，请向购买书店调换。若书店售缺，请与本社发行部联系，联系及邮购电话：(010)88254888，88258888。

质量投诉请发邮件至 zlts@phei.com.cn，盗版侵权举报请发邮件至 dbqq@phei.com.cn。

本书咨询联系方式：(010)88254532。

前言：把自己的目标变成他人的需求

在自媒体时代，每个人都是一个广义上的营销员，每个人都需要懂得一些客户沟通巧技能。有的人在营销思想、观点、影响力，有的人在营销产品、方案和服务，本质上是一样的。

国家领导人营销他/她的执政理念和治国方略。

下级向上司营销他/她的方案的可行性。

创业者向投资者营销他/她的创业计划的商业前景。

产品推销者营销他/她的产品与服务。

演讲者向听众营销他/她的思想和观点。

恋爱中的男女一方向另一方营销自己的人生态度和对对方的关注。

每个与我们打交道的人，都有可能成为我们的客户。当今时代，"客户沟通巧技能"，越来越成为人生的必修课程。

然而，众多人由于缺乏客户思维，缺少客户沟通巧技能，深感现实不太可爱，甚至觉得职场非常残酷。

不少领导干部，靠的仍是强权、霸道、行政手段……长此以往，官场生态不近人意，政令越来越难出"衙门"。

不少下级，靠的是所谓的一腔热血、"学好数理化走遍天下都不怕"的蛮干……不久就感叹职场"好冷"，领导真难伺候。

不少创业者，一场接一场地向投资者去介绍自己的项目，苦口婆心，很遗憾由于他们根本不了解投资者的需求，于是忙而无果，错失创业良机。

不少营销人员，靠的是拼酒、低价、洗脚……几年下来，身体喝坏了，苦不堪言。

不少演讲者，靠的是"名头"、炒的是"概念"……人民大会堂的"听众"尚且还打瞌睡，其他的就更别提了。对牛弹琴不是牛错了，而是弹琴者需要懂得换位思考。

不少男男女女，由于一两句话没说到位、一点点小事没办好而引发分歧，甚至最后以分手告终，轻则错失良缘，重则对恋爱婚姻产生恐惧。

可见，懂得客户沟通巧技能，实在是太重要了。那究竟什么是客户沟通巧技能呢？

要用一句话来讲的话，就是**要把自己的目标变成他人的需求**。

国家政要，需知晓老百姓真正的需求。老百姓不需要"形象工程"，不需要"好大喜功"，而需要"有事可做""有安全的饭菜吃""有蓝天白云的环境""有相对宽松的氛围"……美国总统特朗普之所以竞选成功，巧就巧在他把自己当总统的目标变成老百姓就业和生活的需求。其诺言实现如何？等待他的是总统任职期间民意调查的"考试"。

下级、创业者、产品推销者、演讲者、恋爱中人……首先需要清楚自己的目标，然后找到对方的"痛点"和真正的需求，在目标与需求的转换上下足工夫。概括起来说，客户沟通巧技能就是"**强而不霸，弱却有心；沟通系统，细节感人；尊重差异，展示特色；角色明确，换位思考**"。

俗话说："想钓鱼，就要先知道鱼吃什么鱼饵。"同样，要想吸引客户，就一定要知道客户的心里在想什么，最需要什么。因此，在与客户沟通时，巧者需谨记一点：**营销卖的不是产品，而是客户的需求！**

本书第一章整体介绍客户沟通巧技能，第二、三、四章顺着合作前、合作中、合作后的逻辑，借助大量的案例，庖丁解牛，细致阐述了客户在哪里、如何打动他们、如何开发和粘住客户，弱势状态下心用在哪里，要注意哪些细节，要明白哪些差异，如何谈判，中国情境下如何维持与客户的交往和沟通，等等。读者可以从本书中找到自己所需要的内容。

德鲁克有一句名言：企业存在的目的就是创造客户。客户是企业最重要的外部环境，企业与客户几乎时时刻刻都在进行沟通。企业在与客户的沟通过程中，需要经过不断的调查以明确客户利益之所在，同时还要随时检验自己是否做到了与客户充分沟通。掌握了与客户沟通的巧技能，就可以提高沟通的效果。

要想成功地获取客户的订单，就要善于分析、思考客户的购买心理和动机，进而探寻客户的真正需求。要知道，在客户购买行为的背后，往往会存在客户的某些特殊"感觉"。比如，一些人购车不是为了车子本身，他们可能是为了便利的感觉，为了身份的象征，为了成就感……这些都是所谓的客户购买"感觉"，而这些"感觉"的挖掘则需要通过沟通来实现。销售人员的任务,就是通过沟通发现客户的需求,进而将自己或组织的目标变为客户的需求。

　　本书是团队共同创作的结果,刘平青进行整体设计和统筹布局,侯成平、曹城做了大量有价值的工作,尤其是侯成平面临家庭的诸事仍能按预期计划有效推进,态度行为皆可佳。调研讨论、案例分析、著作撰写的过程是痛苦的,但内心中"三个臭皮匠顶一个诸葛亮"的自信,以及将沟通巧技能系列图书"接地气"开发的责任感,让我们快乐工作、收益良多。

刘平青

于北京

目　　录

第一章

客户沟通巧技能概述

第一节　客户无处不在，沟通无时不在

乔·吉拉德（Joe Girard），是美国著名的推销员，也是吉尼斯世界纪录大全认可的世界上最成功的推销员，从 1963 年至 1978 年总共推销出 13 001 辆雪佛兰汽车，连续 12 年荣登世界吉尼斯纪录大全世界销售第一的宝座，他所保持的世界汽车销售纪录至今无人打破。

乔·吉拉德的成功，源于他的客户意识，在开发客户以及维护客户关系上，乔·吉拉德很有耐性，不放弃任何一个机会。

【案例 1-1】

乔·吉拉德的玫瑰花

有一次，一位中年妇女走进乔·吉拉德的展销室，说她想在这儿看看车，打发一会儿时间。她告诉乔·吉拉德，她想买一辆白色的福特汽车，就像她表姐开的那辆一样。但对面福特车行的推销员让她过一小时后再去，所以她就先来这儿看看。她说，这是她送给自己的生日礼物："今天是我 55 岁生日。""生日快乐！

夫人。"乔·吉拉德一边说，一边把她让进办公室，自己出去打了一个电话。然后，乔·吉拉德继续和她交谈："夫人，您喜欢白色车，既然您现在有时间，我给您介绍一下我们的双门式轿车——也是白色的。"他们正谈着，女秘书走了进来，递给乔·吉拉德一束玫瑰花。乔·吉拉德郑重地把花送给那位妇女："尊敬的夫人，有幸知道今天是您的生日，送您一份薄礼，祝您好运！"她很受感动，眼眶都湿了。"已经很久没有人给我送礼物了。"她说，"刚才那位福特推销员一定是看我开了部旧车，以为我买不起新车，我刚要看车，他却说要去收一笔款，于是我就上这儿等他。其实我只是想要一辆白色车而已，只不过表姐的车是福特的，所以我也想买福特的。现在想想，不买福特的也可以。"

最后她在乔·吉拉德手里买走了一辆雪佛莱，并填了一张全额支票。其实从头到尾乔·吉拉德都没有劝她放弃福特而买雪佛莱。只是因为她在这里感受到了重视，于是放弃了原来的打算，转而选择了乔·吉拉德的产品。

（资料来源：笔者依据相关资料整理）

对于任何一个营销人员来说，都应该牢记这句话"客户无处不在"，无论是在工作中还是在日常生活中都要培养自己的客户意识。乔·吉拉德曾说过，"我的名字'乔·吉拉德'一年出现在您家12次！当您想要买车时，自然就会想到我"。因此他经常在公众场合"撒名片"。不难看出乔·吉拉德的成功之道，正源于其执著的客户意识。

成功销售六部曲

1. 销售自己，包括自己的外表、态度、自信心等。
2. 建立关系，发挥自己的热情主动。
3. 赢得信任，体现出自己的专业价值。
4. 细心观察，快速收集客户的各种资讯。
5. 介绍产品，满足客户个性化需求。
6. 成功销售，赢得双赢。

销售技巧：热情胆大+专业知识+细心观察。

与客户建立关系是与客户沟通的目的，而沟通往往并不需要花很长时间，可能是一瞬间发生的。比如，微笑着问候客户，会使其感受到尊重，能使接下来的合作更顺畅。因此，在与客户沟通中，营销人员是否表现出友好的态度，尤其是第一次与客户交往时表现的态度，决定了能否与客户有效沟通并建立一种长久的关系。

【案例 1-2】

成功的销售服务

一位西装笔挺的中年男士，走到玩具摊前停下，他随手拿起一只声控玩具飞碟。售货小姐马上上前接待。

"先生，您好。您的孩子多大了？"售货小姐笑容可掬地问道。

"六岁。"男士说着，并把玩具放回原位，眼光又转向其他玩具。

"六岁！"售货小姐提高嗓门说，"这样的年龄玩这种玩具正是时候。"说着并把玩具的开关打开。男士的视线又被吸引到声控玩具上。

售货小姐把玩具放在地上，拿着声控器，开始熟练地操纵着，前进、后退、旋转，同时介绍道："小孩子从小玩这种声音控制的玩具，可以培养出强烈的领导意识。"接着她把另一个声控器递到男士手里。于是，那位男士也开始玩了起来。大约两三分钟后，售货小姐把玩具关掉。

男士开始问："这一套多少钱？"

"380 元。"

"太贵了！算 300 元好啦。"

"先生，跟令郎的领导才华比起来，这实在是微不足道。"售货小姐稍停了一下，拿出两个崭新的干电池说："这样好了，这两个电池免费送您！"说着便把一个原封的声控玩具飞碟，连同两个电池，一起塞进包装用的塑胶袋里递给男士。

男士一只手摸进口袋里掏钱，另一只手接下玩具问："不用试一下吗？不会有别的问题吧？"

"品质绝对保证！"售货小姐一边说一边递上名片。

男士高兴地交了钱，拿着玩具满意而去。

（资料来源：王宏.销售人员岗位培训手册. 北京：人民邮电出版社，2007）

案例中的售货小姐成功且愉悦地将声控玩具飞碟销售给了男士，我们注意到在向男士销售过程中，售货小姐始终面带微笑，态度平和不急不躁，这种细节上的处理是其成功的前提。售货小姐并没有一味地向男士介绍该玩具如何优越，而是讲了该玩具能带给男士的消费体验、能带给男士的消费回报，以此来打动客户，让其购买玩具。正如企业的销售，正是通过销售服务帮助客户解决需要。

>> 巧技能 2

成功销售的十个妙招

1. 一次成功的推销不是一个偶然的故事，是学习、计划以及销售代表的知识和技巧运用的结果。

2. 事前的充分准备与现场灵感所综合出来的力量，往往很容易瓦解坚强对手而获得成功。

3. 获取订单的道路是从寻找客户开始的，培养客户比眼前的销量更重要，如果不发展新顾客，销售代表就不再有成功之源。

4. 了解客户并满足他们的需要。不了解客户的需求，就好像在黑暗中走路，白费力气又看不到结果。

5. 客户没有高低之分，却有等级之分。依客户等级确定拜访的次数、时间，可以使销售代表的时间发挥出最大的效能。

6. 推销的黄金准则：你喜欢别人怎样对你，你就怎样对待别人。推销的白金准则：按人们喜欢的方式待人。

7. 让客户谈论自己。让一个人谈论自己，可以给你大好的良机去挖掘共同点，建立好感并增加完成推销的机会。

8. 为帮助客户而销售，而不是为了提成而销售。

9. 对客户的异议自己无法回答时，绝不可敷衍、欺瞒或故意反驳，必须尽可能答复，若不得要领，就必须尽快请示领导，给客户最迅捷、满意、正确的答案。

10. 当客户决定要购买时，通常会给你暗示，所以，倾听比说话更重要。

第二节　懂得沟通巧技能，快乐又高效

多数人将沟通认为是对话、聊天，是一件很简单的事情，但越是简单的事情越能体现出成功者的巧妙之处。沟通需要技巧，沟通巧技能可归纳为：强而不霸，弱却有心；沟通系统，细节感人；尊重差异，展示特色；角色明确，换位思考。

一、强而不霸，弱却有心

当今社会，无论是个体间还是组织间，无论是国内竞争还是国际竞争，只要有两人及两人以上的地方，往往就会形成强弱之分。强者掌握资源、制定规则、控制局面；弱者则处于相对被动的地位，对于社会规则体系只能服从遵守，但需要谨记"三十年河东，三十年河西"，强弱是一种相对关系。当强者因称霸而分崩离析，弱者因用心而厚积薄发时，强弱关系也会发生倒置。在市场竞争中，无论是强者还是弱者，都要处理好与客户的关系，成为客户沟通的巧者。

【案例 1-3】

销售信函

一位寿险经纪人，把近 300 封销售信函寄送给潜在客户，这些潜在客户对保险都有正确的认识，基于各种原因，目前并没有立即投保，但这位寿险经纪人相信这些潜在客户一两年内都有可能实际参与投保。因为不可能每个月都亲自去追踪这 300 位潜在客户，所以他每个月针对这 300 位潜在客户都寄出一封别出心裁的卡片，卡片上不提及保险的事情，只祝贺每月的代表节庆日或客户的生日，如一月春节愉快、二月情人节……每个月的卡片颜色都不一样。潜在客户接到第四、第五封卡片时必然会为他的热诚所感动，就算自己不立刻投保，当朋友间有人提到保险时他们也都会主动地向朋友介绍这位保险经纪人。

（资料来源：笔者依据相关资料整理）

巧者虽然拥有资源、权力、知识和技能等优势，但不霸道、不张扬、不自大，能够尊重、包容他人；巧者暂时弱小，却能用心做事、用心沟通，能够赢得自我成长的机会和空间。正如案例中的寿险经纪人，虽然暂时弱小（客户群体少），但其很用心地在与潜在客户沟通，而这些潜在客户或早或晚地会转换成订单。

二、沟通系统，细节感人

巧者懂得沟通是一个系统，包括语言的和非语言的沟通、行动的和非行动的沟通、上司沟通与下属沟通、内部沟通与外部沟通等；巧者能把握思、记、听、说、读、写、做时的细节，产生令人感动的效果。

【案例 1-4】

认知聆听

古代曾有一个小国的使者到中国来，进贡了三个一模一样的金人，把皇帝高兴坏了。可是这个小国的使者，同时出了一道题目：这三个金人哪个最有价值？皇帝想了许多办法，请来珠宝匠检查，称重量、看做工，结果都是一模一样的。

怎么办？泱泱大国，不会连这点小事都不懂吧！最后，有一位退位的老大臣说他有办法。皇帝将使者请来大殿，老臣胸有成竹地将三根稻草插入三个金人的耳朵里。第一个金人的稻草从耳朵的另一边出去了；第二个金人的稻草从嘴巴里出去了；而第三个金人，稻草进去后掉进了肚子里，什么响声也没有。

老臣指出，第三个金人最有价值！使者默默无语，答案正确！

（资料来源：笔者依据相关资料整理）

这个案例告诉我们，最有价值的人，不一定是最能说的人。老天给我们两只耳朵一张嘴巴，本来就是让我们多听少说的。善于倾听，是成熟的人最基本的素质。在与客户沟通的过程中，要学会倾听，尤其是初次见面的客户，多听少说，往往能收到意想不到的效果。

三、尊重差异，展示特色

沟通是人与人之间、人与群体之间思想与感情的传递和反馈的过程，以求思想达成一致和感情的通畅。管理学大师德鲁克曾言："一个人必须知道该说什么、什么时候说、对谁说、怎么说。"在沟通过程中，沟通的双方常常是有差异的。"巧"的沟通方，能够提前意识到这些差异，并以此开展有效的沟通，在认同、尊重彼此差异的同时，展示个体不同的特色，利用差异给人留下深刻的印象。

巧者能尊重彼此间的差异，并能在沟通过程中巧妙地展示自身的特色。

▶▶ 巧技能 3

东西方文化沟通方式上的差异

1. 东方重礼仪、多委婉；西方重独立、多坦率。

2. 东方多自我交流、重心领神会；西方较少自我交流、重言谈沟通。

3. 东方和谐胜于说服；西方说服重于和谐。

4. 东方人开场白或结束语习惯自我谦虚一番；西方人的开场白和结束语中没有谦词，多以天气或体育比赛开始。

5. 东西方搭建友谊关系存在差异。

东方人结成的友谊关系一般有两种：其一有工作关系、邻居关系认识的熟人；其二是志同道合、互相关心、互相帮助的朋友，这是一种亲密的、有深交的人际关系。西方人的友谊关系一般分为泛泛之交、好友、密友和深交，是建立在共同的理想和价值观、真诚和信任、社会和心理的支持等基础上的，友谊的对象男性、女性兼有。

东方人结交朋友需要较长的时间，一旦成为朋友，友谊会持续很久；西方人交朋友快，忘朋友也快，彼此感情淡漠。

东方人和西方人都乐于接受的话题有：爱好、节日、气候、国内外新闻、电影等。但是，对于西方人来说，属于个人隐私的话题是不希望他人追问的，如个人收入、年龄、家庭情况等。

为了跨文化的友谊得以巩固和发展，沟通双方在交流时应注意交流的话题范围，竭力避免涉及对方不愿谈及的问题。

四、角色明确，换位思考

沟通并非一人独白，沟通是人际互动，至少是一个信息双向传递的过程，"一个巴掌拍不响"，只有你来我往才能够让沟通顺利进行。这一过程包含信息发布者和信息接收者两类角色。一个负责说，一个负责听，这看似很简单，但是在实际操作过程中可能会处处遇到障碍，说也说不好，听也听不懂。只有信息发布者和信息接收者明确自己的责任，做好角色扮演，才能够保证沟通的顺畅，避免误解的产生。

巧者明确自己在沟通中扮演的是信息发布者或信息接收者的角色，并能够巧妙地进行换位思考。巧者，方能通过管理沟通来适应日趋复杂的职场。

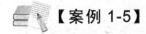

【案例1-5】

3个商贩与老太太的沟通

有一个老太太去市场买菜，买完菜路过卖水果的摊位时，看到有两个摊位上都有苹果在卖，就走到一个商贩面前问道："苹果怎么样啊？"

商贩回答说："你看我的苹果不但个儿大而且还保证很甜，特别好吃！"

老太太摇了摇头，向第二个摊位走去，又向这个商贩问道："你的苹果怎么样？"

第二个商贩答："老太太，您要什么样的苹果啊？我这里种类齐全！"

"我要买酸一点儿的。"老太太说。

"我这边的这些苹果又大又酸，咬一口就能酸得流口水，请问您要多少斤？"

"来一斤吧。"老太太买完苹果又继续在市场中逛。

这时她又看到一个商贩的摊上有苹果，又大又圆，非常抢眼，便问水果摊后的商贩："你的苹果怎么样？"

这个商贩说："我的苹果当然好了，请问您想要什么样的苹果啊？"

老太太说："我想要酸一点儿的。"

商贩说："一般人买苹果都想要又大又甜的，您为什么会想要酸的呢？"

老太太说："我儿媳妇怀孕了，想要吃酸的苹果。"

商贩说："老太太，您对儿媳妇可是真体贴啊，您儿媳妇将来一定能给你生个大胖孙子。前几个月，这附近也有两家要生孩子，总来我这儿买苹果吃，你猜怎么着？结果都生了儿子。您要多少？"

"我再来二斤吧。"老太太被商贩说得高兴得合不拢嘴了，便又买了二斤苹果。

商贩一边称苹果，一边向老太太介绍其他水果：

"橘子不但酸而且还有多种维生素，特别有营养，尤其适合孕妇。您要是给儿媳妇买点橘子，她一准儿很高兴。"

"是吗？好，那我就再来二斤橘子吧。"

"您人真好，您儿媳妇摊上了您这样的婆婆，真是有福气。"商贩开始给老太太称橘子，嘴里也不闲着，"我每天都在这摆摊，水果都是当天从水果批发市场批发回来的，保证新鲜，您儿媳妇要是吃好了，您再来。"

"行。"老太太被商贩夸得高兴，提了水果，一边付账一边应承着。

从此，这个老太太就成了这个商贩的老客户了，而且是非常牢固的常客。

（资料来源：笔者依据相关资料整理）

首先，第一个商贩，比较简单，他是在讲道理，而且是一味地向客户灌输自己的道理，甚至连客户真正的需求都没有弄清楚。在与客户沟通时，首先应学会倾听，而不是灌输。我们再来看第二个商贩。这个商贩比第一个强很多，他懂得倾听，并且，他成功地获取了客户的需求"我要酸一点的"。于是，他成功地销售出去一斤苹果。现在，我们重点来看第三个商贩，显然，这个商贩比第二个商贩又高一筹儿，他真正做到了顾问式营销。他才真正摆脱了被客户牵着鼻子走的困境，不仅成功地获取了客户的需求，还成功地引导并挖掘了客户的新需求。

客户服务沟通的七句好话

1. 用"您"代替"你"。您好！请问有什么可以帮您的？

2. 感同身受。您的心情，我特别能理解！

3. 第一时间帮助客户解决问题。您放心，我会尽全力帮助您！

4. 适时的赞美会事半功倍。您的声音(着装)特别好听(有品位)！

5. 客户都希望被肯定。您是一位有福气(有品位、有思想)的人！

6. 保持跟踪服务。您还有什么其他需要帮助的，随时可以找我！

7. 您有什么意见，尽管对我提！

第三节　不懂沟通巧技能，麻烦会不断

沟通渗透在与客户交往的每一个环节中，没有沟通，就没有了人与人、企业与客户之间的交互作用。沟通无处不在、无时不在，特别是与客户沟通，懂得沟通巧技能的人，工作快乐又高效；相应地，不懂沟通巧技能，可能会麻烦不断。

【案例 1-6】

陆强华的职业生涯

1. 陆强华与创维

1996 年，陆强华应邀加盟创维集团，出任创维集团中国区营销部总经理。当时创维的年销售收入为 7.8 亿元。陆强华按照自己的营销策略，到 2000 年离职时的短短四年间，创维年销售额已做到 43.4 亿元，提前两年进入行业五强，坏账总额奇迹般地控制在销售总额千分之一的范围之内。

陆强华的营销模式被称为"集中受控式"，其核心是财务和物流必须由总部进行集权管理。创维集团董事长黄宏生希望进一步扩展业务，认为这一营销模式稳重有余而灵动不足，因此决定：不换思路就换人，从而导致二人关系紧张。

2000 年 8 月 1 日，黄宏生通知陆强华，要对其工作进行调整，次日，陆强华被免职。在此前两天，创维已委任杨文东替代陆强华的职务。

陆强华认为，从职业规矩来说，如果董事长要调动他的工作应提前协商，他感到"措手不及"。他说，在 8 月 2 日免职之后，曾与黄宏生有过两次沟通。黄宏生给他一个新位置：中国区总经理。陆强华认为，当时自己加盟创维，双方是就"中国区域销售总部总经理"这一职位签约的，现在的新位子只是有名无实的虚衔，陆强华说："这一招表面上是把我养起来，实际上养到一年半载，我的'武功'就废了，到那时，还会有同样的待遇给我吗？"陆强华没有接受新的安排，于是双方变脸，再之后就是众所周知的陆强华带领原创维100多名营销精英加盟高路华。

2. 陆强华与高路华

2000年11月4日，陆强华带领原创维150多名营销精英加盟高路华，出任新组建的东菱电器集团总裁兼中国销售总部总经理。

2001年彩电行业价格战横行，整个彩电行业惨淡经营，而高路华的品牌形象不佳，这对陆强华都是考验。结果在2001年年初的100天内，陆强华凭借自己的魅力和声誉，新高路华在全国有选择地吸纳股东客户600多家，筹集资金1亿多元，补充了企业营运资金。一年多时间，一个新高路华浴火重生，其彩电产销达180万台，销售额18亿元，闯入彩电六强。

但是陆强华在高路华重演了在创维的宿命。陆强华最终还是与高路华董事长黄仕灵"反目成仇"。据了解，黄仕灵不满陆强华功高震主，而陆强华在老板黄仕灵和众多经销商之间没有处理好多方关系，导致最终陆强华被免职。

3. 陆强华自己创业及悲壮谢幕

在高路华被免职后，立志"高路华将是我职业经理人最后一站"的陆强华以千万元启动资金，与十余个旧部，在上海创立上海人众电器集团，担任董事长兼总经理。但此时家电市场行业已不景气，再加上18个月内两次被东家"炒鱿鱼"，以至于陆强华个人品牌效应大打折扣，在家电行业陆强华终究是无力回天。

2007 年 4 月 14 日,陆强华因突发脑溢血辞世,一代营销奇才,以这样一种悲壮的形式结束了其职业生涯。陆强华的悲壮谢幕也为企业员工关系管理敲响警钟,任何一个企业在关注员工关系管理时,首先要关注到员工生存关系,因为生存是员工关系管理最先要解决的命题。

陆强华在营销团队建设上有其独特之处,与团队内的成员相处融洽,关系紧密,因此他能够带领销售团队创造销售奇迹。但可悲的是,正是这样一个能与客户、与员工很好地建立关系的营销奇才,却不能将自己很好地销售给老板,是企业忠诚度不高?还是老板担心其功高盖主?究其原因不外乎"沟通""关系的建立与维护"这两点。

陆强华在创维无法与黄宏生进行有效的沟通,导致双方互相猜忌,黄宏生一心要培养陆强华,而陆强华却误认为黄宏生一门心思架空自己。在高路华更是如此,缺少有效的沟通,黄仕灵怕发生功高盖主事件,黄仕灵毅然辞退陆强华。

(资料来源:笔者依据相关资料整理)

陆强华的案例对于其个体是可悲的,对于其工作的组织更是可惜,如此人才全无用武之地,如此人才竟被用废,这究竟是陆强华个人的原因还是组织的原因呢?归根结底不外乎"沟通"二字,陆强华不懂得沟通巧技能,没能将自己的想法完好地表达,组织亦不会沟通巧技能,使得组织内部沟通不畅。从陆强华的职业生涯我们能够看出，不懂得沟通，无法灵活地运用沟通巧技能，无论是个体还是组织都会麻烦不断。

>> 巧技能 5

沟通的障碍

1. **语言障碍**。因个人经验的不同，对语句的解释和理解也会有所不同，这些都可能成为沟通中的障碍。

2. **习俗障碍**。许多人往往对习俗不太重视，认为可有可无，因而引起许多沟通的障碍。

3. **角色障碍**。若固守自己某一特定的角色位置，不能适应变化，就会产生沟通障碍。

4. **组织结构层次障碍**。组织结构层次庞大，内部层次过多，信息的传递每经过一个层次都会有过滤和失真，积累起来，便会对沟通效果带来极为不良的影响。

5. **信息过量障碍**。信息并非越多越好，关键在于适当，信息过量也会妨碍沟通。

6. **心理障碍**。在人际沟通中，由于心理方面的缺陷造成人际沟通困难是初入社会的年轻人遇到的最大困难：①知识、经验水平的差距所导致的障碍；②沟通者往往会依据个人价值判断做解释所导致的障碍；③对信息的态度不同所造成的障碍；④沟通者在沟通时情绪方面的干扰所造成的障碍。

一、选择恰当的沟通渠道

有时进行客户沟通时，由于采用了错误的沟通渠道和媒体，会使沟通的效果大打折扣，甚至丧失信息的重要性和准确性。简单明确的信息，利用口头沟通最为适宜；较为复杂的信息，以备忘录(便签)、报告或商业文件一类的书面沟通方式为宜。

总体来说，信息越多，信息重要程度越高，所需要的渠道也越广泛。但是，如果利用的沟通渠道过多，可能会遭受信息负担过重的风险，信息失真、信息相互矛盾的可能性也会增加，因而应以保证信息的准确传递为目的来选择相应的沟通渠道。

二、知己知彼

沟通前，了解对方的背景。接触的事物、心态和各种身体语言(如疑惑的眼光)均有助于改善沟通的效果。但更重要的是尝试了解对方的理解过程，除了认清自己所表达的意思外，了解对方的想法也是改善沟通的要诀。俗语说："知己知彼，百战不殆。"做好充分的准备，尽量摸清对方的特点，摆正自己和对方的位置。精神集中，做到有的放矢，沟通才能达到更好的效果。

三、简化语言

语言表达不清可能成为沟通的一种障碍，信息传送应慎重选择字眼，对信息做一番处理，使接收者能清楚地了解。简化语言，要考虑信息传递的对象，使信息表达与接收协调一致。当然，简化语言的前提是要准确，尽量少用专业术语，因为它们可能会使业外人士不知所云。

四、倾听

与客户沟通，当客户说话时，我们在听，但往往不能做到倾听。倾听是主动地思考对方话中的含义，而听却是被动的。倾听时，信息的传送者与接收者都在思考。优秀的商务人员都非常善于倾听。

倾听包括四个阶段：听、注意、了解和记忆。倾听并不是一件容易的事情，主动地倾听需要全神贯注。一般人讲话的速度大约是每分钟 150 个字，但是听的速度却可以达到每分钟 1000 个字以上。很显然，两者的时间差异允许倾听者进行比较深入的思考。

若能采用"换位思考"的方法，则倾听的效果会更好。所谓"换位思考"就是指将自己置身于对方的立场来思考。信息传送者与接收者在态度、兴趣、需求、期望等各方面均不相同，若能进行"换位思考"，就容易了解对方信息的真正含义。"换位思考"的倾听者对信息的内容保留自己的开发和判断，并小心翼翼地倾听对方说话，目的就是完全接收对方所表达的意义，不因自己的过早判断而曲解原意。

五、控制情绪

当一个人情绪激动、沮丧或不稳定时，往往会由于紧张和压力而遗漏沟通信息，而且无法正确清楚地表达自己的想法和理解对方的意思。在这种情况下，最简单的也是唯一的方法就是暂缓任何形式的沟通，直到情绪恢复平静为止。

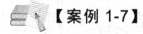

【案例 1-7】

糟糕的情绪

小张是一名销售人员。他是个争强好胜的人，希望通过自己的努力做出好业绩，因此工作非常努力认真，业绩很突出，并且在季度审核时被评为销售明星。成为销售明星之后，小张的压力开始变大，对客户的态度也变了，行动上明显很急躁。每次与客户谈生意，他总是希望客户能够立刻决定购买自己推销的产品，并且一再催促，这使得很多客户开始反感起来，即使本来打算购买，也最终因生气匆匆离去。就这样，小张的业绩每况愈下，心里更是着急，在销售中手忙脚乱，并且一遍又一遍地催促顾客购买，如果顾客拒绝，他就会很生气。慢慢地，小张的压力越来越大，动不动就想骂人，工作也是频频出错，越来越多的客户向公司投诉小张态度有问题。小张急于求成，使自己错误百出，不仅没有提高业绩，反而严重影响了工作，得不偿失。

（资料来源：笔者依据相关资料整理）

六、注意非语言暗示

非语言暗示在沟通时占有相当大的比重，包含的范围也极其广泛。身体语言与人们的坐姿、站姿和动作有关。如果沟通者能够准确把握通过握手、目光接触、触摸、表情及周围环境所表达出来的信息，并有意识地加以运用，则会在很大程度上跨越语言沟通本身的一些障碍，提高沟通的效果。

七、运用反馈

与客户沟通时，运用反馈可将沟通中信息被曲解或误解的程度降至最低，并及早发现这些现象，因而反馈对整个沟通过程具有支持作用。

在与客户沟通时，可以通过直接或间接的询问及"测试"（如请求对方复述和总结信息）以确认对方是否完全理解了。例如："你了解我的意思吗？"对方的回答即是一种反馈。当然，反馈信息越详细越好，而不应只限于"是"或"否"的简单回答。针对信息，可以采用灵活的方式来收集反馈意见。

当然，反馈也不一定完全是语言上的表述，动作也是重要的反馈。业务经理拟了一份销售计划书，然后传给各个业务员，如果有些业务员没有在上面签字，那么业务经理需要再传达一次，或者做些修改。同样的，如果你对一群人做演讲，从听众的眼神，你可以看到许多重要的暗示，由此你可以判断听众是否已经接收到你的信息。

▶▶ 巧技能 6

培养好良好的人际关系

中国人喜欢的人：

善于退让的人；

尊老爱幼的人；

鞠躬尽瘁的人；

不争名利的人；

正直仗义的人；
随和友善的人；
自我约束的人；
积极主动的人。

中国人不喜欢的人：
过度表现、喜欢自夸的人；
傲慢无礼、轻视别人的人；
随便反悔、不守约定的人；
斤斤计较、过于吝啬的人；
阳奉阴违、曲意逢迎的人；
不识时务、反应迟钝的人；
招摇过市、拨弄是非的人；
孤僻冷漠、散漫邋遢的人。

第二章

合作前的沟通巧技能

第一节 合作前，自我认知与沟通

在沟通中，我们往往在意他人的作用，尤其是副作用，而忽视了自己在沟通中所扮演的角色。与客户的沟通是错综复杂的，总会不经意间游离到我们的控制之外，甚至让我们焦虑不安。而细想其中缘由，很多是因为"自我"出了问题。因此，在沟通中，首先应该认知的便是"自我"。只有正确的自我认知，才能保证高效的人际沟通。自我认知者，巧者也。

在自我沟通中，沟通者不需要与他人接触，但看待自己的方式必定要受他人的影响。看待自己的方式也将影响自己看待他人及周围环境的方式。例如，如果某一天你感觉很好，你可能会以一种肯定的方式看待自己。如果领导对你的工作结果表示失望，或者你与同事之间发生了矛盾，你可能会把注意力集中在失败或气恼的感觉上，会以一种否定的方式看待自己。

在自我认知中有这样一种方法，该方法通过结合别人对自己的意见，加上自己对自己的评估，综合起来，便构成了心理学家鲁夫特（Joseph Luft）和英格翰（Harry Ingham）所提出的乔哈里窗（Johari Window），如图 2-1 所示。

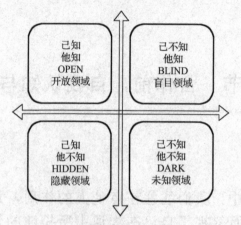

图 2-1　乔哈里窗（Johari Window）

第一扇窗是开放领域（OPEN），把自己、他人了解的优缺点都列举出来。我自己认定如此，别人也持有同样的看法，有目共睹，人知我亦知，开放的无所隐瞒。

第二扇窗是未曾留意的盲目领域（BLIND），别人看出的优缺点，自己竟然有所不知。包括自己不自觉的怪癖和习惯，往往不经他人指点，自己并不清楚。

第三扇窗是自己清楚而别人尚未察觉到的隐藏领域（HIDDEN），属于人所不知的部分，如有缺点，正好可以赶快改善。

第四扇窗是自己和他人都不清楚的未知领域（DARK），反正只有老天知道，暂时可以不必管它。

把这四扇窗都填写清楚，便可以逐一加以审查，进行自我认知与沟通。

职场自我成长的八大技巧

1. 积极处世，改变不了别人和世界，唯有调整自己。

2. 先定目标后行动，行动时忘记自己的目标。

3. 重要的事情要先做，记住领导交办的小事也是大事。

4. 双赢的想法，损人不利己的事绝对不做。

5. 先理解他人，再争取别人理解自己。

6. 协作增效，工夫在平时。

7. 磨刀不误砍柴工，功夫不负有心人。

8. 谦卑谦卑再谦卑，谦卑是智慧的源泉。

在与客户沟通前的自我沟通、自我认知，不仅包括"自己"，还包括自己所在的"组织"。参考乔哈里窗，在进行自我认知时，可以分为"自己"与"组织"两个维度，如图 2-2 所示。

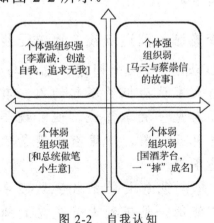

图 2-2 自我认知

当今社会，无论是个人间还是组织间，无论是国内竞争还是国际竞争，只要有两人及两人以上的地方，往往就会形成强弱之分。针对个体与组织的认知，一定也存在强弱划分。当个体处于不同的状态，组织又处于不同的状态下，如何有效地进行客户沟通、开发客户，关键在于"巧"字。

一、个体强、组织强

当个体能力强、组织市场竞争力强时，我们理所当然地能够获取客户订单，在市场中占据一定份额，但怎么样持续扩大客户群体呢？关键在于"强而不霸"，与客户沟通时，拿出最高的诚意，尊重每一个合作者。

李嘉诚请长江 CEO 班学员吃饭的故事就是一个很好的例子。

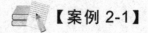【案例 2-1】

李嘉诚：创造自我，追求无我

长江 CEO 班有 30 几个同学，包括马云、郭广昌、牛根生等国内大家认为很了不起的人。有一次，班上组织我们去香港见一次李嘉诚，他可谓华人世界的超级大哥了。没见面之前，心里有个情景假定，比如约会衣服要穿整齐等。

当时我就想：见老大哥相当于见领导，一般我们见这种人，可能第一见不到大哥先见到椅子、沙发；

第二伟大的人来了，我们发名片人家不会发名片；第三人家跟你握手然后你站着听讲话，就像我们被接见，在人民大会堂听讲话我们鼓掌就完了；最后吃饭肯定有主桌，大哥在那坐一下，吃两筷子说忙先走了；然后我们很激动回来写感想……

结果这次见面完全颠覆了之前的想法。

首先电梯一开，长江顶楼，70多岁的大哥站着跟我们握手，这样的开场很不一样，我有点愣。

其次，一见面大哥先发名片，这个也很诧异，而且发名片还给你递过来一个盘子，递盘子干吗？抓阄，盘子里有号，拿名片顺便抓个号，这个号决定你吃饭的时候坐哪桌，避免到时候我们这些同学为谁坐1号桌、谁坐2号桌心里有想法。后来才知道，照相也根据这个号，站哪儿就是哪儿。我觉得挺好，大家避免尴尬。

站好之后我们小人物的能力出现了，我们就鼓掌希望大哥讲话，大哥说没准备讲话，但这时候大哥不讲我们小人物角色演不下去，所以必须让他讲，这个经历经常有，最后大哥说，我没有准备，我只讲八个字叫做"创造自我，追求无我"。

这一听大哥读书很多，学历不高读书很多，讲的都是哲学，"创造自我，追求无我"，讲完了普通话又用广东话讲一遍，之后发现还有老外，用英文再讲一遍。就讲这八个字，讲完了我们体会这话里的深意。

什么叫追求无我？你在芸芸众生中，把自己越做越强大，自我膨胀，超越别人，这个过程就容易给别人以压力。

因为你强大了以后很强势，就像你老站着，别人蹲着，别人就不舒服。所以你要追求无我，让自己化解在芸芸众生中，不要让别人感觉到你的压力。

一方面创造自我，一方面让自己回归于平淡，让自己舒服也不给大家制造压力。

听完讲话我们开始鼓掌，然后开始吃饭。我运气不错，抽到了跟大哥一桌，我当时想，和大哥挺近的，这样吃饭可以多聊一会儿，所以开始没着急说话。没想到吃到十几分钟的时候，大哥站起来说抱歉要到那边坐一下。

这时我们才发现，四张桌子，每个桌子都多放了一副碗筷，他每个桌子都坐。一个小时的吃饭时间，他四个桌子轮流坐，而且几乎都是15分钟。到这时，大家都被大哥周到和细致的安排感动了。

大哥大概每个桌子转完基本也就结束了，结束之后他没先走，逐一跟大家握手，在场的每个人都要握到，墙角站着一服务员，大哥专门跑到那儿和他握手。这时候我想起看过他的一个演讲，问他们有没有关于这方面的书，当时没准备，他就向下面交代一下，结果下车的时候那个书就送到我手里了。整个过程让我们每个人都很舒服。

这就是大哥之所以成为大哥的原因，这就是他的软实力。他具有一种看不到的能力，这个能力是价值观，用他的话说就是追求无我，他让每个人都舒服。

后来我跟我们班班长提到这事，他说老先生因为做人周到真诚，很多人到了香港都愿意和他做生意。

所以，你让别人舒服的程度，决定了你的高度。

（资料来源：冯仑. 行在宽处. 长沙：湖南人民出版社，2014）

生活中，有这样两种截然相反的人。有人生怕别人舒服，尽量让别人不舒服，而只要自己舒服就行。还有一类人生怕别人不舒服，尽量让别人舒服，哪怕委屈自己。回想平时大家之间的沟通交流，磕磕绊绊，到处充满着不舒服的感觉。在与客户沟通过程中，即使你很强大，你不让客户舒服，客户就会让你不舒服。你让别人舒服的程度，决定着你成功的程度。

"三十年河东，三十年河西"，在激烈的市场竞争中，没有哪一家企业能够长久强大，为使企业长盛不衰，唯有加强客户意识，尤其是企业强大时，更不能忽视与客户的沟通。

二、个体强、组织弱

个体强、组织弱的案例常见于初创型企业，由于企业处于初创期，组织名气、产品的客户粉丝都处于较低的阶段。但初创期企业有创新、创业活力，该活力来源于组织中的每一个个体。初创期企业在发展客户关系时，应更多地展示创业者的个人魅力及产品的可靠性与实际性，依靠真诚与活力感染客户，进而培育发展客户关系。"弱却有心"，多展示自己的优势。

马云与蔡崇信的故事

统计数据表明，阿里巴巴已遥遥领先于竞争对手成为世界上最大的电商，市值已超过 1200 亿美元。领导这样一个庞大的电子商务帝国的人，是集团主席马云和他的最佳搭档蔡崇信。

1999 年 5 月，在瑞典某投资公司香港部任职的台湾青年才俊、公司高管蔡崇信受命前往杭州，上司对他说："崇信，你去见下马云，他有点疯狂，不过据说很有雄才大略。"他此行的任务是去考察马云和他的公司。

蔡崇信时年 35 岁，香港永久居民，持有耶鲁大学博士学位。海外工作经验、港台生活经历、优秀的学历背景、父辈的深远影响，使其拥有广阔和显赫的政商人脉。而更为难得的是，他有着一般人所难以具备的慧眼识珠的独到眼光。在美丽的西子湖畔，蔡崇信跟与他同龄的马云第一次见面，这才知道马云竟然还没有成立自己的公司，任何公司实体都不存在，只有一个上线才几个月的网站。蔡崇信有些失望了，这样一个连菜鸟都称不上的人和他的所谓公司值得建立联系并给他投资吗？

然而蔡崇信很快否决了自己心中的疑问。在一间杂乱无章的屋子里，西装革履风度翩翩的蔡崇信见到一群衣衫不整却欢呼雀跃的年轻人，这就是马云和他的追随者。看到地上横七竖八满是皱褶的床单，蔡崇信十分诧异：20 多个毛头小伙子，难道他们昼夜蜗居在这里吗？是什么样宏大的计划让他们如此兴奋，废寝忘食？

听了马云的介绍，蔡崇信才明白了，眼前这位其貌不扬的青年正在下一盘大棋，他的心中装有宏伟的蓝图："芝麻开门"的梦想，全球最佳 B2B 平台……马云滔滔不绝地讲述和充满自信的表情强烈地感染着蔡崇信，他不由得被马云的人格魅力深深吸引，一种惺惺相惜的敬仰之情顷刻间溢满心间。

回家以后，蔡崇信对妻子说他也想加入马云的团队，妻子一听惊呆了，丈夫可是拿着 300 万港币（相当于 240 多万人民币）年薪的外企精英。阿里巴巴名不见经传，马云又是何许人也？自己有孕在身，丈夫干吗要冒险？可是蔡崇信告诉她："我相信他一定能干出一番事业！"她觉得丈夫简直是疯了。

彼时的阿里巴巴前途渺茫，除了梦想外一无所有，没有人肯为阿里巴巴投资。多年后有媒体报道，马云原是打算将根据地放在上海的，找投资公司洽谈，找一家失败一家。后来他的事业如火箭般冲天发展，有位老总追悔莫及，说："我是有眼不识泰山啊，当初是看他长得那个样！"再后来，原上海市委书记、现中央政治局常委、全国政协主席俞正声在一次会议上语重心长地让全体干部反思："上海怎么就留不住马云呢？"

然而独具慧眼的蔡崇信没有以貌取人，他完全违背了夫人的意愿，找到马云毛遂自荐，说自己带着妻子同行以示加入其团队的决心。马云问："你为什么要这么做？你看中了我什么？"蔡崇信说："除了看好你公司的发展前景，我更欣赏你的个性。"马云说："可是迄今为止我还没有找到一家投资公司，我几乎被所有的风投拒绝。"因为马云给不起蔡崇信高薪，不愿意接受他。这时，当初持强烈反对态度的蔡崇信夫人反过来给他当说客，她对马云说："你就让他加入吧，否则他会后悔一辈子。"马云这才同意了，他为难地说："可是我没有钱，我只付得起你每月 500元人民币，怎么对得起你这位拿 300 万港币年薪的海归洋博士？"蔡崇信孤注一掷，说："没什么对得起对不起的，500 元就 500 元吧。"他心意已决，脱下名牌西装，和其他人打成一片，成为阿里巴巴"十八罗汉"之一。

1999 年 8 月，蔡崇信走马上任成为阿里巴巴 CFO，马云对他说："资本运行，公司前途就托付给你了。"在杭州那些酷热难当的夏夜里，洋博士挥汗如雨地给这些土老鳖讲什么是股份、什么是股东权益，又按国际惯例拟出了股份合同，这就是阿里巴巴最初的雏形。

（资料来源：笔者依据相关资料整理）

三、个体弱、组织强

根据组织生命周期理论，组织经历了创业时的弱小期，发展到后来成熟稳定期，就变得愈发强大。但在当组织强大时，其职工未必强大，尤其是组织的新人。这时应该如何开展有效的营销工作才能完成"个体弱、组织强"的工作任务呢？其关键之处就是建设强大的内心。

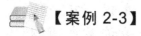【案例 2-3】

和总统做一笔小生意

美国一位名叫乔治·赫伯特的推销员，成功地将一把斧头推销给了总统小布什。布鲁金斯学会得知这一消息，把刻有"最伟大推销员"的一只金靴子奖给了他。这是自 1975 年该学会一名学员成功地把一台微型录音机卖给尼克松以来，又一名学员成功登上如此高的推销门槛。

布鲁金斯学会创建于 1927 年，以培养世界上最杰出的推销员著称于世。它有一个传统，在每期学员毕业时，设计一道最能体现推销员能力的实习题，让学生去完成。克林顿当政期间，他们出了这么一个题目：请把一条三角裤推销给现任总统。8 年间，有无数个学员为此绞尽脑汁，可是，最后都无功而返。克林顿卸任后，布鲁金斯学会把题目换成：请将一把斧子推销给小布什总统。鉴于前 8 年的失败与教训，许多学员都知难而退。个别学员甚至认为，这道毕业实习题仍和克林顿当政期间一样毫无结果，因为现在的总统什么都不缺少。再说即使缺少什么，也用不着他亲自购买。再退一步说，即使他亲自购买，也不一定正赶上你去推销的时候。

然而，乔治·赫伯特做到了，并且没有花多少工夫。一位记者在采访他的时候，他是这样说的："我认为，将一把斧子推销给小布什总统是完全可能的。因为他在德克萨斯州有一座农场，里面长着许多树。于是我给他写了一封信，我说，有一次，我有幸参观您的农场，发现里面长着许多矢菊树，有些已经死掉，木质已变得松软。我想，您一定需要一把小斧头，但是从您现在的体质来看，这种小斧头显然太轻，因此您仍然需要一把不甚锋利的老斧头。现在我这儿正好有一把这样的斧头，它是我祖父留给我的，很适合砍伐枯树。假若您有兴趣的话，请按这封信所留的信箱，给予回复……最后他就给我汇来了 15 美元。"

　　乔治·赫伯特成功后，布鲁金斯学会在表彰他的时候这样说：金靴子奖已空置了 26 年，26 年间，布鲁金斯学会培养了数以万计的推销员，造就了数以百计的百万富翁，这只金靴子之所以没有授予他们，是因为我们一直想寻找这么一个人——他不因有人说某一目标不能实现而放弃，不因某件事情难以办到而失去自信。

（资料来源：笔者依据相关资料整理）

　　作为一名营销人员，要清楚地认识到，在与客户沟通前，最先展现在客户面前的不是产品，而是自己。因此，每一次沟通都以成功地将自己销售出去作为前提。乔治·赫伯特的故事告诉我们，有时候不是销售任务太艰难，而是我们对自己失去了信心，我们自己选择了放弃，销售人员在客户开发过程中要展现出充分的自信，有销售的信心。虽然有信心未必就代表着成功，但失去信心一定不会成功。

（一）自信源于对产品的深知

销售人员在进行销售工作前，一定要了解自己是在进行一项怎样的服务，自己的服务能够在哪些地方给客户带来帮助，充分了解销售产品的功能，切忌一问三不知，东拉西扯，避重就轻，这样会让客户感觉自己很不专业。

（二）小事容易让人不自信

营销人员应随时留意自己的身体状态，在生活中，我们很多时候被一些小事困扰，小事会让人变得不自信。恰恰是这些微不足道的小事，组成了影响营销员工销售成功的 X 因素。如果这些小事一直阻碍着营销员工的成功，会让人觉得自己"总在关键时刻掉链子"，久而久之，自己也会形成这种观念，导致不自信。

（三）建设强大的内心

在与陌生人接触前要先建设自己强大的心理。与陌生人接触，不要给自己太大压力，尤其当自己有求于人的时候，不要有"一次拿下"这种不切实际的想法，也不要强迫自己一定要被别人喜欢。不要给自己太大的心理负担，这样不利于自己的成长。

社会心理学家说过："人并不是因为害怕而逃跑，而是因为逃跑而害怕。人并不是因为伤心而哭，而是因为掉泪而伤心。"这是因为人在受到刺激而意识到身体的变化时，会引发恐惧、悲伤、愤怒的感情。懂得了心理的这些微妙变化，也就可以做出适当调整。在与人初次见面时，如果步伐沉重，会更感到不安；如果步伐比往常轻快，可以缓解自己不安和紧张的心理，心情也能放松。

四、个体弱、组织弱

在强者制定规则的市场竞争格局中，弱者须在夹缝中求生存，在与客户接触、沟通时，多数客户会对你不屑一顾，个别客户在与你接触后会以各种问题刁难你。当你处于弱者身份时，客户很少去考虑你的难处，想怎么修改订单合同就怎么修改，他们认为你就应该满足"上帝"的一切要求。

当身处弱者地位与客户沟通时，可借鉴图 2-3 所示的方法，首先，要注意的就是保持平等意识，你与客户身份是平等的，不存在尊卑贵贱之分，即"面对客户有礼有节，身处劣势不卑不亢"；其次，要有坚守这份事业的价值观作为支撑，鼓励自己；再者，要有勇气，相信自己，在客户沟通中永远没有失败，只是暂时还未成功。

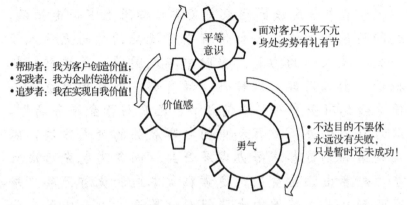

平等意识
• 面对客户不卑不亢
• 身处劣势有礼有节

帮助者：我为客户创造价值；
实践者：我为企业传递价值；
追梦者：我在实现自我价值！

价值感

勇气
• 不达目的不罢休
• 永远没有失败，只是暂时还未成功！

图 2-3　个体弱、组织弱

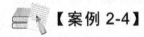【案例 2-4】

国酒茅台的故事——"一摔成名"

巴拿马运河地处美洲巴拿马共和国中部，运河以其特殊的地理位置，成为了沟通太平洋与大西洋的要塞通道。为了庆祝巴拿马运河建成通航，美国国会在 1912 年初通过决议，1915 年在加利福尼亚的旧金山市举办巴拿马国际博览会。

当时的中国政府亦收到了美国发来的参加博览会的邀请书，接着，美国又特派了专员来到中国"劝导中国商赴赛"。在一系列的宣传和广泛传播下，中国各界对巴拿马博览会都有了强烈的反响，都纷纷认为这是中国各界进行观摩、学习、与世界交流的好机会。在全国上下的这种共识和一片呼声中，中国政府在 1913 年 5 月的时候，做出了参展决定。

为了中华民族的形象与荣誉，举国上下奔走忙碌，这即将举行的博览会仿佛在当时混乱的时局里注入了一股凝聚人心的力量。当时中华民国的大总统袁世凯批示，由工商部、农林部、教育部、财政部负责筹备博览会的有关事项，并成立了"巴拿马赛会事务局"，编订有关的办事章程和中国赴赛展品的分类方法，以及联络并动员各省筹办参展产品；而各省也先后成立了"赴赛出品协会"，负责征集本地的优质产品。筹赛活动在全国范围内大张旗鼓地展开，关心中国实业的各界人士纷纷对此献计献策。当时的报纸、杂志也把筹赛的事情作为新闻的热点，争相报道。在筛选展品方面，本着凡是能体现中国国格，增添中国荣光的产品，要大力倡导参赛；凡是粗劣、陋俗及带有国耻的商品，一律不准许参展的原则，来自全国 19 个省，由各机关团体出品或著名出品家出品的 10 余万种参赛物品，陆续通过审查。贵州省以"茅台造酒公司"的名义，推荐了"成义""荣和"两家作坊的茅台酒样酒参展。

1915 年 3 月 9 日，中国馆正式开幕后，巴拿马博览会逐步进入高潮。当时，以农业产品为主力的中国展品，一开始是没有多少特别吸引力的，每日参观者不是很多。茅台酒更是装在一种深褐色的陶罐中，包装本身就较为简陋土气，几乎无人问津，展台前门可罗雀。我国代表急中生智，拿起一瓶茅台酒佯装失手，酒瓶嘭的破在地上，陶罐一破，茅台酒顿时酒香四溢，优雅细腻的酱香弥漫了整个会场。

中国赴赛监督陈琪等人在南洋劝业会评奖时就品尝过茅台酒，在旧金山中华会馆的宴请中喝的也是茅台酒，知道茅台酒具有酱香馥郁、空杯留香的特点。于是灵机一动，建议把一瓶茅台酒分置于几个空酒瓶中，并去掉盖子，敞开酒瓶口，旁边再放上几只酒杯，任茅台酒挥洒香气，供专业人士品尝。此举果然非常有效，博览会会场里的参观者们纷纷寻香而来，更有好奇者顺手拿起酒杯，争相倒酒品尝，一致"咂咂"交口叫绝。展馆内一时人头攒涌，热闹非凡，很快产生了轰动效应。中国展品以农产品为重头，故大部分陈列于农业馆中。茅台酒以酒香为媒，产生了轰动，吸引了大量看客，不仅自身为公众所认识，成了众多展品中的明星，而且为中国整个农业展品招徕了众多的参观者，大大增强了人们对中国展品的认识和了解的机会。

茅台酒以其独特的风味和优秀的品质，在旧金山的巴拿马国际博览会和圣迭戈的加州博览会上连续获得了两次大奖，被誉为世界名酒，特别是后来又以"怒掷酒瓶"的轶事，被旅美华人引为中华民族自强、崛起的象征，从而深受海外华人的钟爱，名扬天下。

（资料来源：笔者依据相关资料整理）

在巴拿马国际博览会上，中国代表团表现出一个大国应有的气质，不卑不亢，面对无人问津的局面，心急如焚，但没有在客户面前做出有失颜面的举动。

中国代表"无意"碰翻酒瓶，给客户们制造了了解茅台酒的机会，也给中国展厅迎来了展示国酒的机会。虽身处弱势，但能够利用环境制造机会与客户接触，这就是巧者的智慧。

弱者回避压力，巧者直面挑战！个体弱、组织弱恰恰是个体锻炼的最佳平台，巧者能够直面挑战，解决困境，完成组织交代的任务。

第二节　合作前，认知他人与沟通

合作前，自我认知固然重要，但更重要的是认知他人。复杂的商业活动中，我们会遇到形形色色的客户。所谓"知己知彼，百战不殆"，就是强调合作前认知他人的重要性。

电视剧《芈月传》讲述了中国历史上第一位女政治家芈月极为曲折传奇的人生故事。其中一集太后芈月遭遇内忧外患：外面有五个国家虎视眈眈；内部惠后芈姝、公子嬴华勾结禁军头领蒙骜刺杀芈月。事情发生后禁军人心动荡。恐有兵变之际，芈月召集禁军广场训诫，收服人心，成功解决了这次危机。

假设秦军将士是你的客户，你会如何通过沟通在公司或组织陷入危机的情况下，维护好客户关系呢？

下面是芈月广场训诫的台词，可以看到芈月训诫的整个过程。

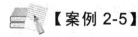 【案例2-5】

芈月收服军心演讲

芈月问：你们为什么要造反？

蒙骜答：让你还位于大王，请回甘相，与诸公子罢兵。

芈月：朕当政，就真的有违天意？嬴华、甘茂等人的主张，就真的这么受人拥戴吗？你们当初当兵必定不是为了造反，你们沙场浴血、卧冰尝雪，千里奔波、赴汤蹈火，为的不仅仅是效忠君王，保家卫国，更是为了让自己活得更好，让自己在沙场上挣来的功劳，能够荫及家人；为了能让自己建功立业，人前显贵。是也不是？

今日站在这里的，都是大秦的佼佼者，你们是大秦的荣光，是大秦的依仗，是也不是？

我大秦曾经被人称为虎狼之师，令列国闻风丧胆。可就在前不久，五国陈兵函谷关外，可我们束手无策，任人勒索宰割，这是为什么？我们的虎狼之师呢？我们的王军将士呢？都去哪儿了？

大秦的将士，曾经是大秦的荣光，可如今却是大秦的耻辱！当敌人兵临城下的时候，你们不曾迎敌为国而战，却在王位相争中自相残杀，这就是你们的作为！

曾经，商君之法约定：只有军功才可受爵，无军功者不得受爵；有功者显荣，无功者虽富无所荣华；可有些人就是不愿意尊商法，要恢复旧制，所以才派人来杀我。你们也不情愿、也不想实行新法，是吗？为何你们站在了靠祖上余荫吃饭的旧族那边，自愿成为他们的鹰犬，助纣为虐，使得他们随心所欲，胡作为非；使得商君之法不能推行，兄弟相残，私斗成风？

你们的忠诚，不献给能够为你们提供公平、军功、荣耀的君王，却给了那些对你们作威作福，只能赏给你们残渣剩饭的旧族们，是吗？

将士们，我承诺你们！从今以后，你们所付出的一切血汗，都能够得到回报，任何人触犯秦法都将受到惩处！秦国的一切，将是属于你们和你们儿女的！今日我们在秦国推行这样的律例，他日天下就有可能去推行这样的律例。你们有多少努力就有多少回报，你们可以为公士、为上造，为不更、为左庶长、为右庶长，为少上造、为大上造、为关内侯，甚至为彻侯，食邑万户！你们敢不敢去争取？能不能做到？

此时，所有将士齐声大喊："我们能、我们做得到，我们能、我们做得到，我们能、我们做得到！太后、太后、太后……

（资料来源：电视剧《芈月传》第70集）

芈月一开始并没有指责任何人，而是赞扬了禁军将士，称他们"都是大秦的佼佼者，是大秦的荣光，是大秦的依仗"。在训诫前芈月早已熟知禁军将士们的情况，很了解禁军的心理，她从禁军自身出发，先问他们为什么要当兵，造反能不能实现他们当兵的目的？你既然想吃饱穿暖、加官晋爵、保家卫国，那么让你造反的人除了让你出生入死之外，能给你荣华富贵吗？话锋一转，芈月开始诱之以利，禁军想要的，我可以给！不论是吃饱穿暖还是封侯拜相，只要你们肯付出，就一定能得到。这样，危机轻松化解，芈月赢得了禁军的人心。

一、主动帮助他人

有一位推销高手曾经说过："怎样才能把产品卖给客户？我只告诉你一句话，只要你能帮助客户解决问题，你的产品就卖出去了！"在客户需要帮助时，在自己力所能及的范围内，给予客户最好的帮助。

开发客户的过程就是通过沟通建立关系的过程，我们自古以来推崇"人情""面子"，在与客户沟通过程中，照顾到客户的面子，让客户感觉到公司的人情味，对于企业与客户关系的建立是很有帮助的。我国的人情味是让营销人员最难以舍弃的，个别客户在遇到困难的紧急关头得到了营销人员的帮助，这在人情交往中属于"恩情"的范畴，对提供帮助的人叫作"恩人"，这就超越了简单的客户与企业之间的交易关系。

在《世界上最伟大的销售员》一书中有这样一段

话："我要爱所有的人。仇恨将从我的血管中流走。我没有时间去恨，只有时间去爱。现在，我迈出了成为一个优秀的人的第一步。有了爱，我将成为伟大的销售员，即使才疏学浅，也能以爱心获得成功；相反的，如何没有爱，即使博学多识，也终将失败。"

从这段话中我们可以看出，要想销售成功除了必备的巧技能之外，还必须具备一颗爱人之心。

 【案例 2-6】

爱心换来的订单

有一名销售人员常常会去拜访一位老太太，他打算用养老的理由来说服老太太购买股票或债券。为此，他常常与老太太聊天，陪老太太散步。

经过一段时间，老太太就离不开他了，经常请他喝茶，或者和他谈些投资相关的事情。可不幸的是，老太太突然去世了，这名销售员的生意泡汤了，不过他仍然去参加了老太太的葬礼。当他到达会场时，发现竞争对手 A 证券公司竟然也送来了两只花圈，对此他感到很纳闷，不知道到底是怎么回事。

一个月后，那位老太太的女儿来这个销售员工作的公司拜访他。她说她就是 A 证券公司一分支机构的经理夫人。她对这名销售员说，她在整理母亲遗物的时候，发现了好几张这位销售员的名片，上面还写了一些表示关心的话，她的母亲一直都很小心地保存着。她说："我以前曾听母亲谈起过您，母亲说跟您聊天是一件很快乐的事情，所以我今天特意前来向您致谢，感谢您曾经如此关心我的母亲！"

这位女士深深鞠了一躬，眼角噙着泪水说："为了答谢您的好意，我瞒着丈夫向您购买贵公司的债券。"然后，她拿出了 40 万现金，请求签约。

这名销售员对这件突如其来的事感到非常惊讶，一时之间，不知道说什么好。

（资料来源：笔者依据相关资料整理）

这是发生在销售界的一个真实的故事，有些人可能认为这份合约来得太突然、太意外了。其实不然！老太太的女儿之所以会这样做，就是被这位销售员的爱心所感动，才买下了该公司的债券。

只有在天性上就喜欢关心人，并一直努力让别人快乐的人，才能成为好的销售员。这名销售员虽然弱小，但他真正做到了"弱却有心"，用自己的爱心在帮助客户。如果你能够让客户或者潜在客户感觉到你的关爱与帮助，那么你的销售就会无往而不利。

>> 巧技能 8

八个帮人的方法

1. 帮陌生人开门。
2. 吃饭时，给左右人夹菜。
3. 友人生病了，一定要去探望。
4. 参加朋友的喜事。
5. 提供高质量的工作。

6. 吃饭主动买单。

7. 过年给保安红包，夏天给他们买水。

8. 关心自己的家人，关心朋友的家人。

二、与不同类型的客户沟通

销售人员除了销售产品外，还有另一职能——服务提供者。作为服务提供者，在日常工作中会遇到各种各样的客户。面对不同的客户，营销人员应采用不同的方法了解其需求，寻找解决问题的最佳方法。

（一）说外语的客户

当遇见说外语的客户时，由于他们与你所在的国家或地区不同、文化背景不同，营销人员可能难以清楚地了解他们的需求，甚至产生误解。面对这种类型的客户，作为服务提供者，应该做到：

（1）要能听懂客户所说的话；

（2）了解客户所在地的文化背景，包括价值观、信仰和风俗，尽可能避免产生误解；

（3）运用恰当的方式与客户交流，了解和满足客户的需求。

（二）焦急的客户

有些焦急的客户往往要求服务人员马上为其提供服务。这时，应做到：

（1）急客户所急，用行动证明你也在替他着急并在努力想办法解决问题；

（2）如果能迅速提供服务，应在最短的时间内满足客户需要；

（3）如果不能马上提供服务，回复客户时，应给自己留下富裕的时间。

（三）混乱的客户

有时服务人员会遇见被意料之外的事弄得烦恼不已的客户，此时他处于混乱状态，不能清楚地说明问题且不停地抱怨。这时，应做到：

（1）引导客户说明他们的需求；

（2）认真倾听客户谈话，通过提问，给客户补充细节的机会；

（3）客户说完后，你应进行总结性复述，让客户了解你已经完全明白事情的经过；

（4）帮助客户解决问题。

（四）难对付的客户

难对付的客户主要有生气的客户、不讲道理的客户、犹豫不决的客户和由于使用不同方言或语言引起误解的客户。应对难对付的客户时，应做到以下几点。

1. 不要陷入负面评价

当遇见上面几种类型的客户时，他们通常都心烦意乱，要发泄不满。可能碰上谁就向谁发泄，一方面想宣泄他们的情绪，另一方面想使他们的问题得到解决。因此，尽管客户对你发火，但一定要记住，你仅仅是他们倾诉的对象，不要把愤怒的情绪个人化。如果你对客户产生了负面评价，会影响你对客户的态度，不利于问题的解决。

2. 让客户发泄

如果把客户发泄看作是浪费时间，不了解客户的感受就试图解决问题是难以奏效的。当客户发泄时，如果你试图阻止他们表达感情，反而会使他们恼羞成怒。因此，最好的办法是保持沉默，不要打断客户的发泄并且让客户知道你在倾听。通常的做法是不断点头、保持眼神交流、不时地说"嗯""啊"。

3. 移情于客户

移情于客户，就是能站在客户的角度，真正地理解客户的感受。移情作用时虽然已经意识到和明白客户的感受，但没必要非得赞同他们。你只需要让客户知道你明白他们的感受，就易于与其沟通、交流。

通常的移情用语有"我明白您为什么觉得那样""我完全理解您的意思""那一定非常难过""我理解那一定让人心烦意乱"等。当然，说这些话时，语气很重要。虽然你所说的都是正确的、合适的话，但如果用冷冰冰的语气表达，那么客户会觉得这些话不真诚。要用真诚、热情的语气表达你对客户的理解，这样你会收到很好的效果。

4. 主动解决问题、双方协商解决

当你已经让客户发泄完，并使他们的情绪稳定后，就可以通过提问的方式，主动帮助客户解决问题。在提问时，一定要注意听他们讲的每个细节，不要自做结论。反复核实客户告诉你的所有情况，保证你能完整、准确地了解客户的问题。

知道客户的问题以后，你应清楚地表明你要怎样解决这个问题，让客户明白你在尽最大的努力保证他们能获得一个正确解决问题的方法；如果你不能满足客户的需要时，最好能为其提供代替方案；如果没有代替方案，就应向客户解释为什么你不能满足他们的要求，同时告诉他们在什么情况下客户的要求有可能被满足。在解决上述问题的过程中，尽量与客户协商，让他们知道你已按公司给你的权限尽力最大的努力。

5. 跟踪服务

你可以通过电话、电子邮件或信函等方式来了解解决方案落实的情况，客户是否感到满意。如果客户满意，可以提高公司在客户心目中的地位，他们可能成为公司的长期客户；如果客户不满意，应继续寻找一个更可行的解决方案，满足客户的需求。有效的跟踪服务，可以避免同类问题的出现，并能及时解决新出现的问题。

（五）有残疾的客户

生理上或心理上有残疾的客户往往有特殊的需要。在为他们服务时，一定要尊重他们并积极为他们提供帮助。应做到：

（1）不要用瞎子、瘸子、弱智等词，而应称呼他们的名字或用得体的称谓；

（2）周到热情地提供服务，多为客户着想，如饭店为盲人顾客提供盲文菜单等。

三、强势竞争者的弱点

在激烈的市场竞争中一定会存在强弱之分，但在强者制定规则的市场中，真的没有其他商机或空间可循吗？其实不然，人无完人，强者也有其弱点，只要抓住强势竞争者的弱点，及时出击，我们就能够成为市场竞争中的巧者。

现在如果提起杨宗义恐怕没有多少读者会知道，然而如果是几年前在电脑行业有过经历的人，恐怕是没有人不知道这个大胆的承诺"六年包退包换"口号的南京电脑商。杨宗义正是凭借着这一大胆的举动为自己争得了南京市场，从而一跃成为南方电脑销售的巨头。

【案例 2-7】

杨宗义的"3+3 电脑销售模式"

在杨宗义提出"3+3 电脑销售模式"（对所销售的个人电脑实行前 3 年免费包换，后 3 年保修，24 小时技术支持并终身维护的服务）之后，连他自己都没有想到会给自己以至于整个电脑行业带来那么大的改变。要知道在当时的电脑销售行业中，服务尤其是售后服务尚有欠缺，很多销售商只是简简单单地把电脑卖出去，以后的问题就推得一干二净，这自然会引来消费者的不满。

也正是因为如此，杨宗义新的销售模式一经提出才会引起如此大的轰动。一时间，大批量的订单蜂拥而至，尤其是学校的规模采购订单更是纷纷瞄准了杨宗义的福中电器。据事后统计，仅仅在当年，福中电器便创造了销售额突破 4000 万元的奇迹，雄踞南京珠江路电脑销售的第一把交椅。杨宗义以一匹黑马的态势，给行业以极大的冲击，谁也没有想到，一个新人能够彻底颠覆原有的行业规则。然而杨宗义确实做到了。

但也有人会因此而疑惑，"3+3 电脑销售模式"说着好听，杨宗义真的能够做到吗？如果真的做到了，那他的成本又会有多高呢？其实这一切杨宗义早就考虑好了，可以说他之所以敢大胆承诺，实际上正因为他是"有备而来"的。

在当时，大部分商家都普遍有一种看法，那就是过多的电脑维修服务会增加企业的经营风险，让企业赔本，也正因为如此，业内才普遍对售后服务一推再推。然而杨宗义通过精心计算却发现了另一种状况。

在考虑了相关的成本与风险之后，杨宗义发现电脑的使用寿命通常都在 7 年以上，在 6 年之内一般不会有太大问题。而电脑的 CPU、硬盘、主板等主要部件保质期为 3～5 年，所以说更换部件的大部分费用实际上早已由配件厂商承担。因此对于销售商的售后服务来说不过是拿出很小一部分利润用于其他零部件更换，即可达到 3 年包换、3 年保修的承诺。

（资料来源：笔者依据相关资料整理）

今天，很多人都为杨宗义当年的销售模式叹服，然而要知道，是其足够的智慧与胆量支撑了他的成功。

竞争对手若已经出招儿让你陷入劣势地位，这时你就不能退缩和回避矛盾，要选择"进"的策略，即寻找对方的弱点，果断迎击，掌握主动权。

【案例 2-8】

便利店巧辟蹊径回应对手

F·W·伍尔沃斯在某社区开了一家便利店。当时，一个在这个社区开店数年之久的便利店老板，在自己店外面挂了一个牌子——"在此营业 50 余年"。一句话就彰显了自己的实力，吸引了不少居民。

面对此情景，F·W·伍尔沃斯自然不甘示弱，他也在自己的店外挂了一个牌子——"一周前开业，绝无旧货"。这句话既唤起了人们求新的意识，也是对那家老店做出的有力回应。

（资料来源：笔者依据相关资料整理）

当面对强势竞争对手时，一定要冷静，不要在意一时的得失，而要尽力去找对手的"最佳缺陷"，攻到对手能力不足的地方。为了了解竞争对手，销售人员可以从下表所示的 7 个方面入手进行相关信息的收集，并将这些信息进行分析整理，找出自己企业的优势所在。同时销售人员应给每一家同类公司建立档案，并进行比较和追踪，进而制定符合市场需要的销售策略，打败竞争对手。

>> **巧技能 9**

竞争对手分析表

竞争对手名称		联系方式	
		公司网站	
项目/内容	具 体 内 容	了 解 途 径	我公司优势与不足
产品策略	技术含量、质量、主要性能、所使用的原材料、更新换代周期、工艺水平、主要卖点等	(1)直接或间接询问当地经销商 (2)询问有关维修人员、促销员等 (3)直接进行"公众调研" (4)通过媒体报道了解	………
服务策略	服务政策、服务承诺、服务质量（服务兑现情况）	(1)找售后服务人员了解 (2)找促销员了解 (3)收集媒体报道，如上网查询等	………
价格策略	竞争对手的总体价格水平，各个细分产品的不同价格标准、价格定位、价格调整频率与力度，进货价、零售价与结算价、返利之间的相互关系等	(1)各销售员最好有计划地记录对手一定时期内的所有产品价格 (2)实地考察，并要求促销员时刻关注对手的价格动态 (3)直接找商家询问	………
促销策略	(1)促销的频率及力度 (2)促销的形式及内容 (3)促销成效及对品牌提升的好处 (4)促销对企业员工、商家信心的提高	(1)本企业销售员之间沟通 (2)商家 (3)促销员 (4)当地公众 (5)各种媒体的宣传	………
品牌传播	(1)在当地的广告宣传投入情况 (2)终端卖场的产品陈列、展示 (3)在当地的曝光率及百姓心中的品牌形象	(1)经销商 (2)本企业的一线销售人员 (3)终端促销员 (4)亲临市场勘察	………

项目/内容	具 体 内 容	了 解 途 径	我公司优势与不足
渠道策略	(1)渠道政策：自建营销网络、直销、建专卖店、电话营销等 (2)渠道政策调整的频率和力度 (3)新建渠道、维护渠道的举措	(1)与本企业销售员多沟通，多了解 (2)多与商家沟通 (3)通过上网搜索有关竞争对手的渠道信息	……
人力资源	(1)对员工培训、教育是否到位 (2)厂家和商家关系是否融洽 (3)各种规章制度是否完善，特别是销售制度、策略 (4)员工工作是否信心满怀、热情高涨	(1)实地考察对方促销员的能力等 (2)从经销商口中了解相关信息 (3)借助其他途径了解，如与同行交流、媒体资料的收集等	……

第三节　合作前，开发与粘住客户

一、开发客户

(一)充分记录客户的信息

美国著名的汽车销售大师乔·吉拉德曾经说过："如果我们想把东西卖给客户，就应该尽自己所能去搜集关于该客户有利于我们销售的所有情报。不管我们销售的是什么，只要我们每天肯花一点儿时间来了解自己的客户，做好准备，铺平道路，那么就不愁销售不成功了。"充分了解客户的信息，掌握与客户有关的详细资料，可以帮助我们在开发客户中占据主动地位，顺利地开展工作，从而收到事半功倍的效果。

【案例 2-9】

密密麻麻的小本子

××省有一个系统计费项目，A公司志在必得，系统集成商、代理商组织了一个有十几个人的小组，住在当地的宾馆，天天跟客户在一起，还帮客户做标书，做测试，关系处得非常好，大家都认为拿下这个订单是十拿九稳的，但是一投标，却输得干干净净。

中标方是北京的一家公司，其代表是一个其貌不扬的女子，姓刘。事后，A公司的代表问她："你们是靠什么赢了那么大的订单呢？要知道，我们的代理商很努力呀！"刘女士回问："你猜我在签这个合同前见了几次客户？"A公司代表就说："我们的代理商在那边待了整整一个月，你少说也去了20多次吧。"刘女士说："我只去了3次。"只去了3次就拿下2000万的订单，肯定有特别好的关系吧？但刘女士说在做这个项目之前，她连一个客户都不认识。

那到底刘女士采用了怎样的战术呢？

她第一次来××省，谁也不认识，就分别拜访局里的每一个部门，拜访到局长的时候，发现局长不在。于是，她去办公室询问，办公室人员告诉她局长出差了。她就又问局长去哪儿了，住在哪个宾馆。了解情况后，她马上给那个宾馆的负责人打了个电话说："我有一个非常重要的客户住在你们宾馆里，能不能帮我订一个果篮和一束花，写上我的名字，送到他的房间里去？"接着，她又联系自己的老总，说这个局长非常重要，已经去北京出差了，无论如何要在北京把他的工作做通。然后，她中断拜访行程，赶了最早的一班飞机飞回北京，下了飞机直接就去那个宾馆找局长。等她到宾馆的时候，发现她的老总已经在跟局长喝咖啡了。在聊天中得知局长会有两天的休息时间，老总就请局长到公司参观，局长对公司的印象特别好。参观完之后大家一起吃晚饭，吃完晚饭她请局长看话剧，当时北京在演《茶馆》。为什么请局长看话剧《茶馆》呢？因为刘女士问过××省办公室的工作人员，得知局长很喜欢看话剧。第二天她又找来一辆车把局长送到机场，然后对局长说：我们谈得非常愉快，一周之后我们能不能到您那儿做技术交流呢？局长很痛快就答应了这个请求。一周之后，刘女士公司老总亲自带队到××省做了个技术交流，她有事而未能随队前往。

老总后来对她说，局长很给面子，亲自将相关部门的有关人员请来，一起参加了技术交流，在交流过程中，双方增进了了解，所以这个订单很顺利地拿了下来。当然后来又去了两次，第三次就签单了。

A公司的代表听后说："你可真幸运，刚好局长到北京开会。"刘女士掏出了一个小本子，说："不是什么幸运，我所有客户的行程都记在这个上面呢！"A公司代表打开本子一看，上面密密麻麻地记了很多客户名字、时间和航班，还包括他们的爱好是什么、家乡在哪里，这一周在哪里，下一周去哪儿出差等非常详细的资料。

（资料来说：笔者依据相关资料整理）

知己知彼，才能百战百胜。一个人即使临场发挥再好，随机应变能力再强，如果对客户一无所知或认识错误，也仍然无法打胜仗。因此，在拜访客户前，无论是查资料，还是询问知情人士，一定要想方设法去摸清客户的"底细"，有备才能无患。

哈维·麦凯是美国麦凯信封公司的创始人、董事长和总裁。作为一家卖信封起家的公司，麦凯信封公司如今的营业额已超过7000万美元，他的成功之道在于没有人能够比他更加了解客户。麦凯为他的每个客户都建立一份档案，里面要求业务员记录顾客的66件事。66件事情主要包括客户的基本信息、教育背景、家庭、业务背景资料、特殊兴趣、生活方式、客户的反馈信息等七个方面。在掌握客户足够的信息后，麦凯公司便能够在竞争中创下好业绩。

>> **巧技能 10**

麦凯 66

日期_____

最新修定时间_____

填表人＿＿＿＿＿＿＿＿＿＿＿

客户

1 姓名＿＿＿＿＿＿＿＿昵称(小名)＿＿＿＿＿＿＿＿

2 职称＿＿＿＿＿＿＿＿＿＿＿

3 公司名称、地址、住址＿＿＿＿＿＿＿＿＿＿

4 电话(公)＿＿＿＿＿＿＿＿(宅)＿＿＿＿＿＿＿＿

5 出生年月日＿＿＿＿＿＿＿＿出生地＿＿＿＿＿＿
籍贯＿＿＿＿＿＿＿＿＿＿

6 身高＿＿＿＿＿＿＿＿体重＿＿＿＿＿＿＿＿
身体五官特征＿＿＿＿＿＿＿＿＿(如秃头、关节炎、严重背部问题等)＿＿＿＿＿＿＿＿

教育背景

7 高中名称与就读期间＿＿＿＿＿＿＿＿大学名称＿＿＿＿＿＿＿＿＿毕业日期＿＿＿＿＿＿＿＿学位＿＿＿＿＿＿＿＿＿

8 大学时代得奖纪录＿＿＿＿＿＿＿＿研究所＿＿＿＿＿＿＿＿＿

9 大学时所属兄弟或姐妹会＿＿＿＿＿＿＿擅长运动是＿＿＿＿＿＿＿＿＿

10 课外活动、社团＿＿＿＿＿＿＿＿

11 如果客户未上过大学，他是否在意学位＿＿＿＿＿＿＿＿＿其他教育背景＿＿＿＿＿＿＿＿

12 兵役军种＿＿＿＿＿＿＿＿＿退役时军阶＿＿＿＿＿＿＿＿对兵役的态度＿＿＿＿＿＿＿＿

家庭

13 婚姻状况＿＿＿＿＿＿＿配偶姓名＿＿＿＿＿＿＿

14 配偶教育程度＿＿＿＿＿＿＿＿＿＿

15 配偶兴趣/活动/社团＿＿＿＿＿＿＿＿＿＿＿＿

16 结婚纪念日＿＿＿＿＿＿＿＿＿＿＿＿

17 子女姓名、年龄＿＿＿＿＿＿＿＿＿＿＿＿是否有

抚养权＿＿＿＿＿＿＿＿＿＿＿＿

18 子女教育＿＿＿＿＿＿＿＿＿＿＿＿

19 子女喜好＿＿＿＿＿＿＿＿＿＿＿＿

业务背景资料

20 客户的前一个工作＿＿＿＿＿＿＿＿＿＿＿＿公司

名称＿＿＿＿＿＿＿公司地址＿＿＿＿＿＿＿＿＿受

雇时间＿＿＿＿＿＿＿＿受雇职衔＿＿＿＿＿＿＿＿

21 在目前公司的前一个职衔＿＿＿＿＿＿＿目

前职衔＿＿＿＿＿＿＿＿日期＿＿＿＿＿＿＿

22 在办公室有何"地位"象征＿＿＿＿＿＿＿＿

23 参与的职业及贸易团体＿＿＿＿＿＿＿＿所

任职位＿＿＿＿＿＿＿

24 是否聘顾问＿＿＿＿＿＿＿＿＿＿

25 本客户与本公司其他人员有何业务上的关系

＿＿＿＿＿＿＿＿＿＿＿

26 关系是否良好＿＿＿＿＿＿＿＿＿＿＿＿原

因＿＿＿＿＿＿＿＿

27 本公司其他人员对本客户的了解＿＿＿＿＿＿

28 何种联系＿＿＿＿＿＿＿＿＿＿＿＿关系性

质＿＿＿＿＿＿＿＿＿

29 客户对自己公司的态度＿＿＿＿＿＿＿＿＿＿

30 本客户长期事业目标＿＿＿＿＿＿＿＿＿＿＿

31 短期事业目标＿＿＿＿＿＿＿＿＿＿＿＿＿

32 客户目前最关切的是公司前途或个人前途_____
_____

33 客户多思考现在或将来_____为什么_____

特殊兴趣

34 客户所属私人俱乐部_____

35 参与的政治活动_____政党_____对客户的重要性_____

36 是否热衷社区活动_____如何参与_____

37 宗教信仰_____是否热衷_____

38 对本客户特别机密且不宜谈论之事件(如离婚等)_____

39 客户对什么主题特别有意见(除生意之外) _____

生活方式

40 病历(目前健康状况) _____

41 饮酒习惯_____所嗜酒类与分量_____

42 如果不嗜酒,是否反对别人喝酒_____

43 是否吸烟_____若否,是否反对别人吸烟_____

44 最偏好的午餐地点_____晚餐地点_____

45 最偏好的菜式_____

46 是否反对别人请客_____

47 嗜好与娱乐_____喜读
什么书_____

48 喜欢的度假方式_____

49 喜欢观赏的运动_____

50 车子厂牌_____

51 喜欢的话题_____

52 喜欢引起什么人注意_____

53 喜欢被这些人如何重视_____

54 你会用什么来形容本客户_____

55 客户自认为最得意的成就_____

56 你认为客户长期个人目标为何_____

57 你认为客户眼前个人目标为何_____

客户和你

58 与客户做生意时，你最担心的道德与伦理问题
为何_____

59 客户觉得对你、你的公司或你的竞争负有责任
_____如果有的话，是什么_____

60 客户是否需改变自己的习惯，采取不利自己的
行动才能配合你的推销与建议_____

61 客户是否特别在意别人的意见_____

62 或非常以自我为中心_____是
否道德感很强_____

63 在客户眼中最关键的问题有哪些_____

64 客户的管理阶层以何为重_____客
户与他的主管是否有冲突_____

65 你能否协助化解客户与主管的问题,如何化解
_____

66 你的竞争者对以上的问题有没有比你更好的
答案_____

与客户沟通时,应积极与客户接触、掌握详细的客户信息,但要把握适度的原则。如客户的生活尤其是家庭私生活不应该过细地调查,这样往往会适得其反,引起客户的不满。经济收入方面也是如此,不能过多地涉入客户的经济领域,那样会让客户感觉没有安全感。但营销人员在与客户沟通时可以就彼此之间的共同爱好或话题进行对话,这样既不会让客户感到啰唆,又能增进彼此之间的友谊。

(二)冷漠可能被真诚打动

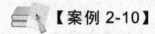【案例2-10】

5:30 的演奏

有一个孩子非常喜欢拉小提琴,他 7 岁时就和旧金山交响乐团合作演奏了门德尔松的小提琴协奏曲,未满 10 岁就在巴黎举行了公演,被人们誉为神童。1926 年,10 岁的小男孩在父亲的带领下,来到巴黎拜访艾涅斯库,他一心想成为艾涅斯库的学生。他说:"我想跟您学琴!"艾涅斯库冷漠地回答:"你找错人了,我从来不给私人上课!"男孩坚持说:"但我一定要跟您学琴,求您先听听我拉琴吧!"艾涅斯库

说："这件事不好办，我正要出远门，明天早晨六点半就要出发！"男孩忙说："我可以提早一个小时来，在您收拾东西时拉给您听，好吗？"艾涅斯库被男孩的坚决意志打动了，他说："那好吧，明早五点半到克里希街 26 号，我在那里等你。"

第二天早晨 6 点钟，艾涅斯库听完了男孩的演奏。他兴奋而满意地走出房间，对等候在门外的男孩的父亲说："我决定收下你的儿子。不用付学费，他给我带来的快乐完全抵得过我给他的好处。"男孩从此成为艾涅斯库的学生，他努力学琴，最终学有所成。他就是后来的世界著名小提琴演奏家梅纽因。

(资料来源：笔者依据相关资料整理)

案例中的小男孩就是在做着最普通的销售，不同的是销售的产品是他自己以及他对于小提琴的热爱，而客户则是他心仪的导师艾涅斯库先生。从艾涅斯库一开始的决绝到最后的主动收徒，我们看到再冷漠的客户都可以被打动，只要自己执著；再没有退路的事，都会有余地，如让艾涅斯库听琴，只要自己坚忍不拔。

（三）先沟通感情，再沟通事情

在开发客户的过程中，很多销售人员满怀热情地去与客户沟通，常常一开口就遭到了拒绝，大多数客户不是说没有时间就是说对你的产品不感兴趣。之所以会遭遇这样的尴尬，是因为要么客户真的没时间，要么客户对销售抱有抵触心理。那么如何避免一开口就遭到拒绝呢？

既然客户强烈排斥销售，那就先不谈销售产品的事，先把客户的注意力从销售上转移开，争取客户的好感与信任后，再谈销售就会容易得多。

【案例 2-11】

三杯茶与一分钟请求

北汽株洲公司与株洲当地高职大专院校进行校企合作，定期会到学校去招聘一线操作工人，总要和合作院校的领导打交道。有一次，刘经理要代表公司去拜访一下湖南汽车工程职业技术学院的主管教学的副院长，之前都是跟学校的招生就业处的领导打交道，这一次是初次拜访这位副院长，刘经理带着公司的车模和一位湖南本地的同事到他办公室拜访。

首先刘经理代表公司对副院长给予北汽的大力支持与帮助表示感谢。车模是公司在产的车型，刘经理为副院长开始介绍这款 E 系列轿车的情况，从外观到内饰，再到发动机，这位副院长为人也比较爽快，跟北汽株洲的相关领导熟悉，很快双方就聊了起来，刘经理发现双方有共同的"爱好"——品茶。刘经理敏锐地感觉到这是与茶友建立谈话基础的前提。

然后双方又聊聊北汽的发展，副院长说到北汽株洲落户株洲第一家合作的院校就是他们，因为刘经理是北京总部调过来的，来学校之前有一些了解，提前准备了一些材料记在了心里。目前在北汽公司有多少他们学校的学生，有哪些表现比较优秀，哪些成为了班组长，学生在公司的发展和表现，刘经理都在副院长面前给予了介绍，并肯定学校在人才培养和人才输送方面做得很好，赞美他们学校发展很快、很好。

接下来聊聊副院长对北汽公司的了解，他说去过公司总部，与哪些领导见过面。刘经理恰巧就在总部大楼工作，接着副院长的话，给他介绍总部大楼有哪些特色。聊着聊着，副院长提到一位领导就是刘经理在总部的老板，这样双方又近了一层。这期间相互敬茶，不经意间已品了三杯，刘经理看气氛差不多，感情交流得很好，接下来，向副院长提出了公司的请求，希望近期再招聘几十名学生，请他给予大力支持，副院长很爽快地答应了，并说："北汽的事，我全力支持！"

（资料来源：笔者依据调研资料整理）

接触陌生人的时候，要努力营造一种轻松愉快的气氛。在沟通的时候，要随时留心对方态度的变化。上例一个很典型的拜访陌生人、"先沟通感情，再沟通事情"的案例，如果没有前面的"三杯茶"，后面的一分钟的请求恐怕没那么容易和爽快。

（四）循序渐进与客户沟通

学会观察。观察客户的装束，学会用什么样的姿态来接近客户。例如，看到客户穿运动的品牌，大概判断出这个人喜欢放松的交谈；如果客户穿的是很正式的西装，那么与其聊天可能要注意保持一种认真、正派的态度。

注意信息的交流。营销人员需要先敞开自己的心扉，可以先自我介绍，再去请教客户的姓名、职业，然后试探性地引出彼此都感兴趣的话题。毕竟与陌生人接触，如果不先做介绍，就开始询问对方的情况，可能会被认为是一种试探。一般情况下，营销人员在哪方面介绍了自己的情况，客户也乐意就这方面谈他个人的情况。

注意倾听。学会倾听是所有营销人员的必修课，在对方讲述过程中，一定要保持认真倾听的状态，不要随意打断别人说话，应该及时回应，如一句"真想不到，您说的这一点太有趣了"，会让对方觉得自己很愿意听他的讲述，因此在第一次谈话时就会有种相识已久的感觉。

与客户循序渐进沟通也是一个掌握客户购买心理的过程，客户在购买过程中，会有一个较为复杂的内心活动过程。大体来说主要有以下几个方面。

>> 巧技能 11

客户购买心理

1. **观察浏览**。客户进店后如果想买一件商品，就会去寻找自己所要购买的商品大致所在的柜台，找到后就会去注视、观察所要购买的商品。

2. **引起注意**。客户如果对所要寻找的目标商品或某一商品产生了兴趣，他的注意力就会集中到这一商品上，以求对商品获得进一步的了解。

3. **诱发联想**。当某种商品给客户留下比较满意的印象时，就会进一步诱发客户联想。联想阶段非常重要，因为它直接关系到客户是否会购买这种商品。

4. **产生欲望**。当客户产生拥有这件商品的欲望时，还会产生一种疑虑："这件商品对我合不合适？"

5. **思考评价**。除了少数冲动型或情感型客户以外，大多数客户在产生好感后，会根据记忆、经验和相关知识对该商品进行评价。

6. **决定购买**。经过分析评价后，客户的购买欲望会进一步转化为购买决定，并开始实施购买行动。

7. **采取行动**。客户一旦对某种商品形成一定的信任和偏爱，一般都会采取购买行动，也就是付款交货的行动。

8. **购买体验**。客户在欣赏和使用商品的过程中，通过亲身体验和他人评价会对商品本身及购买行为形成一定的心理感受。

(五)产品质量是会说话的

 【案例 2-12】

"梅尔多"铁锤

在美国纽约州，有一家妇孺皆知的"梅尔多"公司。这家公司是靠制造"梅尔多"牌铁锤起家的，它的起家时间很长，但过程非常简单。

"请给我做一柄最好的锤子，做出你能做得最好的那种。"多年前，在纽约州的一座村庄，一个木匠对一个铁匠说。"我是从外地来的，在这里做一个工程，我的工具在路上丢了。""我做的每一柄锤子都是最好的，我保证。"铁匠戴维·梅尔多非常自信地说。"但你会出那么高的价钱吗？""会的。"木匠说，"我需要一柄好锤子。"铁匠最后交给他的确实是一柄很好的锤子，也许从来就没有哪柄锤子比这个更好。尤其值得称道的是，锤子的柄孔比一般的要深，锤柄可以深深地楔入锤孔中，这样，在使用时锤头就不会轻易脱柄。木匠对这个锤子十分满意，不住地向同伴炫耀他的新工具。第二天，和他一起的木匠都跑到铁匠铺，每个人都要求订制一把一模一样的锤子。这些锤子被工头看见了，于是他也来给自己订了两件，而且要求比前面订制的都好。"这我可做不到，"梅尔多说，"我打制每个锤子的时候，都是尽可能把它做得最好，我不会在意谁是主顾。"一个五金店的老板听说了此事，一下子订了两打，这么大的订单，梅尔多以前从来没有接过。不久，纽约城里的一个商人经过这座村庄，偶然看见了梅尔多为五金店老板订制的锤子，强行把它们全部买走了，还另外留下了一个长期订单。

在漫长的工作过程中，梅尔多总是在想办法改进铁锤的每一个细节，并不因为只是一个铁锤而疏忽大意。尽管这些锤子在交货时并没有什么"合格"或"优质"等标签，但人们只要在锤子上见到"梅尔多"几个字，就会毫不犹豫地买下它。就这样，在一个不起眼的乡村小镇诞生的小铁锤，慢慢成了美国乃至全世界的名牌产品，而梅尔多本人也凭着这些铁锤终于成为了亿万富翁。

（资料来源：笔者依据相关资料整理）

企业应该对客户的需求有一个基本的认识，即客户需要购买的永远不是便宜，而是产品价值。企业不应为了蝇头小利而放弃产品价值开发，不能以次充好打价格战。企业是要为每个客户提供百次的服务，而不是一次性交易。企业应在保证质量和价格成正比的基础上，给客户带去更完善的服务体验。

二、粘住客户

"要把这些客户分门别类，最重要的、最头疼的、最稳定的、最具有潜力的……"

（一）客户分类

客户开发工作后，首要的工作就是将客户分类，将已掌握的客户信息统统转换为可视材料，如文字、照片等。将客户的照片与信息分门别类地贴在最显眼的地方，以便自己能够随时查看。一般可以将客户分为以下几大类：最重要的客户、最头痛的客户、最稳定的客户、最具有潜力的客户。

对于最重要的客户应该给予其最大的优惠条件与服务，以便与企业长期合作。对于最头痛的客户，应有足够的耐心，给予客户最大的理解与支持，甘当客户的"垃圾桶"、"加蜜罐"、"情报器"，找准该客户的"痛点"，深入合作力度。对于最稳定的客户，应当学会"礼尚往来"，关爱、关心客户需求。对于最具潜力的客户可以参考巧技能 12 去对待。

>> **巧技能 12**

潜在客户的特点

特点＼类别	潜在客户	
具有潜在需求	(1) 正在使用的产品已经陈旧，有更新换代的可能 (2) 正在用同类产品，可替换 (3) 公司欲扩大经营范围 (4) 从没有使用过此类产品 (5) 还没有经营过此种产品	
有购买能力	(1) 有足够财力支付 (2) 信用状况良好	
有购买决策权	权力者	关键人物
	(1) 拥有审批权的人 (2) 拍板的人 (3) 主要负责人	守门人：即控制信息的人，如秘书及向领导汇报工作的人 决策者：在购买方案上签字的人，业务成败的关键不是他 影响者：对决策者起重要影响作用的人，如工会主席、后勤部门主管、非客户单位员工 执行者：具体操作业务的人 使用者：产品的使用者

（二）利用技术进步拓展客户

（1）把握人们对各种商品的"渴望"周期：使用的商品坏了或使用者不喜欢了，他们希望拥有最新、最精彩、最耀眼的顶级商品来赢得赞叹或身份象征，这时销售人员就有销售机会了。

（2）利用人们不希望拥有旧式产品的心理赢得客户：除非是收藏家，而且老式产品是古董或经典样式，否则几乎没有人真正希望拥有旧式商品。

当企业有了新产品，或者仅仅是产品价格或者外观上有了新的变化，销售人员就应该与客户再次联系。在联系的过程中，要注意与客户沟通的巧技能。

【案例 2-13】

升级的音响系统

孙先生最近为家里买了一套最新的立体声音响系统，现在该品牌产品有了一些技术、功能上的改进。

情境 1

销售员：孙先生，您好！您最近买了一套立体声音响？

孙先生：是啊！

销售员：买早了！我们现在有更好的产品提供给您！

孙先生：是吗？这和我有什么关系吗？我已经买了！（挂断电话）

销售员：……

点评：这无疑是一个失败的电话！由于销售员使用了侵犯式的语言，贬低了客户先购的音响系统，引起了客户的反感，于是客户挂断了电话。

情境 2

销售员：孙先生，您好！您最近买了一套立体声音响？

孙先生：是啊！

销售员：音响效果怎样？听音乐感觉如何？

孙先生：非常好！感觉不错！

销售员：那真是太好了！孙先生我知道您在购买系统之前做过详尽的调查，我很佩服您的眼光。不过，我公司新出了一套音响系统，您愿意评价一下它吗？

孙先生：好啊，那你说说它的特点和性能吧。

销售员：……

孙先生：听起来真不错，不过我刚买了，正好我朋友也要买，我帮你推荐一下吧！

销售员：非常感谢！

孙先生：不过，小张啊，以后再有新产品要及时告诉我一下，说不定哪天我就又换新的了，哈哈！

销售员：没问题，打扰您了，祝您好运！

点评：这个电话的结果是，孙先生不光对销售人员有很好的印象，还答应为其介绍客户。同是两个人的对话，结果却截然不同，原因在哪里呢？很简单，第二个电话销售人员采用了"先赞美后推销"的方式，博得了孙先生的好感，进而接下来的推销工作非常顺利。

（资料来源：笔者依据相关资料整理）

（三）与老客户寒暄

很多销售人员认为自己和客户之间就是简单的契约关系，客户只要签完约，就和客户再无瓜葛了。所以当他们再次遇到老客户时，就没有了对待新客户的那股热情，主动寒暄的意识更是全无。作为销售人员，如果抱着这样的心态去和客户做生意，那做的恐怕只能是一次性买卖，是不会有回头客的。其实，寒暄不但能拉近我们与新客户之间的距离，还能使我们与老客户之间的感情更近一步。

 【案例 2-14】

与老客户寒暄加深联系

销售员：荣小姐您来了！上次您在我们这儿拍得写真，感觉如何？

客　户：很好啊！我朋友都说挺好看的！

销售员：是吗？太好了，不过这也是理所当然的，我们的摄影师都说您无论是身材还是皮肤都很好，自然很上镜。

客　户：你过奖了！

销售员：对了，您看我都忘记了，您今天过来，需要什么服务呢？

客户：我想拍婚纱照。

销售员：是吗？那真是恭喜您了！婚期在什么时候呢？

客户："十一"期间。

销售员：哦，恭喜您要做新娘了！

客户：谢谢！

销售员：荣小姐，您这个时候拍婚纱照很合适，因为从开始拍到取照片刚好需要 20 天左右。我推荐您一个拍照套系，这是目前最好的优惠套系，可以说是物美价廉，现在只剩下 3 套了，我帮您订一套吧，您觉得怎么样？

客户：恩，行吧，我相信你的建议。

（资料来源：笔者依据相关资料整理）

案例中影楼销售员在接待老顾客时，开场白非常成功。之所以如此，是因为她在谈话中合理、适当地运用了寒暄，面对老客户她同样表现得很热情。如果说与新客户寒暄是一种打消彼此防御心理的方法，那么与老客户寒暄就是一种礼貌，这在粘住老客户中是一个比较实用的技巧。只有先联络一下彼此之间的感情，才能更好地切入主题。

> **巧技能 13**

粘住客户的技巧

1. 第一眼，观察。
2. 第一句话，赞美客户。
3. 第一个小时内，让客户记住我们的昵称。

4. 第一个小时后，给客户发短信。

5. 第一天内，给客户打电话。

6. 第一周内，给客户送礼物。

7. 第一个月内，为客户做好事。

8. 第一年内，吃喝玩乐。

9. 第二年内，进入客户的工作和生活圈。

10. 第三年内，变成客户的合作伙伴。

第
三
章

合作中的沟通巧技能

第一节　合作中，第一句话是赞美的话

著名人际关系专家卡耐基在《人性的弱点》一书中指出："每个人的天性都是喜欢被别人赞美的。"每个人都需要被他人认可，从他人的赞美中能够看到自我价值，即自尊心获得满足。俗话说"予人玫瑰手有余香"，当一开始就向客户真诚地表达赞美之情时，客户也能够快速地获得正向的能量并保持愉悦的心情，那么在接下来的沟通中也就自然而然顺畅不少。所谓"伸手不打笑脸人"就是这个道理。

【案例 3-1】

就这样拿到订单

韩小姐是一大型企业的总裁秘书，她分享过自己的一个事例。

她说："有三个客人都和我说要见我的领导，但前两个没有见着，因为不会说话，只有最后一位用恰当的赞美之辞为自己赢得了商机。"

"第一个客人说：'韩小姐，你的名字挺好的。'我心里特想听听我的名字好在哪儿。结果那位客人不再说了，巴结我也不真诚，令人失望。"

"第二个客人说：'韩小姐，你的衣服挺漂亮的。'我立刻想听自己的衣服哪里漂亮，结果也没有了下文，话还是没有说到位。"

"第三个客人说：'韩小姐，你挺有个性的。'我想知道自己有什么样的个性。他接着说：'你看，一般人手表戴在左手腕，而你的手表戴在右手腕……'我一听，还真觉得自己有点与众不同，挺高兴的，就让他见了我们老总，结果签了一个十万元的单子。"

"十万元的单子对我们集团来说是一个不起眼的小单子，可对他来说却是一笔大生意。"

（资料来源：依据鞠远华《5分钟打动人心》整理）

有的人乘出租车时，赞美司机驾驶技术高超："这么难拐的弯儿，您一把轮儿后都不用修正，真是不简单！"司机师傅听后心花怒放，最后结账时，非要把一块多的车费零头给抹了。一个中学生中午去麦当劳买冰激凌时对女服务员说："阿姨，我们同学都说你给的冰激凌又大又好……"结果，那位服务员给的圆桶冰激凌多得快要溢出了。客人在饭店吃饭，看到服务员端上来一盘精致的菜肴，禁不住赞美道："这萝卜刻的牡丹花像真的一样！"此话传到了厨师那里，最后那位厨师亲自出来，非要送客人一个萝卜刻的孔雀。

在与客户的合作中，赞美往往具有"化干戈为玉帛"的力量。每个人都有被重视、被赞美的欲望，客户在受到赞美时，往往更能体谅你，从你的角度考虑问题。在所有的语言当中，赞美之辞是语言的钻石。

相信学会赞美不但会让你成为人际交往的高手，更可能在合作中帮你谈成一笔大单子。

巧妙的赞美方法

赞美应具体	当赞美一个人"真棒"、"真漂亮"时，其内心深处立刻会有一种心理期待"我棒在哪里""我漂亮在哪里"，如果没有具体化的表达是多么令人失望啊
从否定到肯定的评价	个体都讨厌被人否定。然而，有一种形式的否定，对方是能够接受的，那就是——否定过去，肯定现在
赞美应及时	沟通过程中，如果对方谈到自己的得意之事，那就是渴望与你分享他的喜悦，此时应及时予以赞美
主动与人打招呼	主动与人打招呼，虽然并非赞美，可如果你连续一个月主动与人招呼，保证你在组织内人气急升
及时指出别人的变化	关注对方细微的变化并表达出来，传递的信息是：你在我心目中很重要，我时刻关注你的变化
与自己做对比	压低自己便相对地抬高了对方，自然会赢得对方的好感
逐渐增强的评价	任何人都喜欢对自己的喜好程度不断增加的人，却不喜欢不断减少的人
信任刺激	对于下属，最强有力的肯定方式是不需要花钱的，那就是赞美
给对方没有期待的赞美	称赞一个人，与其称赞他最大的优点，不如发现他最不起眼，甚至连他自己也没发现的优点
间接赞美	赞美的话没有直接与对方说，却能让对方知道，这是一种高明的技巧

然而赞美需要注意"度"，即针对不同的客户选择适当的赞美目标和赞美的方式，赞美必须诚心诚意、把握好分寸，千万不可超过客户所能忍受的程度。如果只知一味地信口开河、胡乱吹捧，而不关注客户的反应，那么只会让客户觉得虚情假意，赞美过火的结果也只能是弄巧成拙。因而，赞美要把握"度"，让别人把正确的事继续做下去。

【案例 3-2】

千万别"拜错了山头"

原一平是日本保险界鼎鼎大名的销售员。然而，在刚开始的时候，他也犯过一些"低级错误"，看错眼色，拜错山头儿，导致功败垂成。

有一次，原一平约了一位非常年轻的小老板谈保险事宜。这位老板年轻却非常有为，而且早已功成名就。原一平打听清楚所有"底细"后，决定围绕这一点来拿下这个大客户。

当天，两人进入办公室后，一坐下，原一平就开始滔滔不绝地赞美起小老板："您年纪轻轻就事业有成，实在了不起呀！在日本，像您这样的实在不多见！我斗胆打听一下，您是多大开始工作的呢？"

"17 岁。"

"17 岁！我的天！您太早慧了！很多人在这个年纪，还承欢在父母脚跟前呢。那您是什么时候开始当上大老板的呢？"

"就在两年前。"

"啧啧，当老板才两年，就如此气度不凡，真不是一般人，您一定花了不少心血。不过，那么小的年纪，您怎么就进社会打拼了呢？"

"因为早先家里很穷，而且有一个妹妹，为了能让她上学，我早早就出来打工赚钱了。"

"原来您妹妹也这么了不起呀！您的家人也很上进、很有想法哦！"

......

就这样，原一平一发不可收拾，边打听边赞扬，最后连年轻小老板的三姑六婆、左邻右舍都不放过，马屁拍得越来越远，最后，几乎收不住嘴了。

原本，这位小老板已经打算买几份原一平的保险了，结果却"无疾而终"，他一脸扫兴，一份也没买。原一平也只能灰头土脸地无功而返。

（资料来源：笔者依据相关资料整理）

仔细思考原一平的推销过程，可以发现，正是因为在与客户沟通时，没有把握好度，没完没了地赞美对方，最后才让煮熟的鸭子飞掉了。在刚开始，客户听到对自己的几句贴心赞美后，心里定然美滋滋的，还挺舒服。可是如果赞美者不懂得适可而止，喋喋不休地顾左右而言其他，越扯越远，最后把对方的好心情也扯走了，甚至使得对方不胜其烦。这就是在赞美客户时没有把握好度的悲剧。

第二节　合作中，谈判过程用心找证据

合作过程中，谈判很重要，需要很细致地研究对方的优势和劣势，这样才能收集到真正有用的信

息。在谈判过程中，你需要像警察、像法院一样，拿出证据证明你有价值，谈判的过程其实就是证明对方的需要的过程，也就是找证据、找信息的过程。

【案例 3-3】

中日农业设备价格谈判

中国某公司与日本某著名公司围绕进口农加工机械设备进行了一场别开生面的竞争与合作、竞争与让步的谈判。

谈判一开局，按照国际惯例，首先由卖方报价。首次报价为 1000 万日元。

这一报价离实际卖价偏高许多。由于中方事前已摸清了国际行情的变化，深知日方是在放"试探气球"。于是中方直截了当地指出：这个报价不能作为谈判的基础。日方对中方如此果断地拒绝这个报价而感到震惊。他们分析，中方可能对国际市场行情的变化有所了解，因而己方的高目标恐难实现。于是日方便转移话题，介绍起产品的特点及其优良的质量，以求采取迂回前进的方法来支持己方的报价。但中方一眼就看穿了对方在唱"空城计"。

因为，谈判之前，中方不仅摸清了国际行情，而且研究了日方产品的性能、质量、特点及其他同类产品的有关情况。于是中方运用"明知故问，暗含回击"的发问艺术，不动声色地说："不知贵国生产此种产品的公司有几家？贵公司的产品优于 A 国、C 国的依据是什么？"中方话未完，日方就领会了其中含意，顿时陷于答也不是、不答也不是的境地。但他们毕竟是生意场上的老手，其主谈人为避免难堪的局面借故离席，副主谈也装作找材料，埋头不语。过了一会儿，日方主谈神色自若地回到桌前，因为他已利用离席的这段时间，想好了应付这一局面的对策。果然，他一到谈判桌前，就问他的助手："这个报价是什么时候定的？"他的助手早有准备，对此问话自然心领神会，便不假思索地答道："以前定的。"于是日方主谈人笑着解释说："唔，时间太久了，不知这个价格有否变动，我们只好回去请示总经理了。"老练的日方主谈人运用"踢皮球"战略，找到了退路。

第二轮谈判开始后，双方首先漫谈了一阵，调节了情绪，融洽了感情，创造了有利于谈判的友好气氛。之后，日方再次报价："我们请示了总经理，又核实了一下成本，同意削价 100 万日元。"同时，他们夸张地表示，这个削价的幅度是不小的，要中方"还盘"。中方认为日方削价的幅度虽不小，但离中方的要价仍有较大距离，马上还盘还很困难。"还盘"多少才是适当的，中方一时还拿不准。为了慎重起见，中方一方面电话联系，再次核实该产品在国际市场的最新价格；另一方面对日方的二次报价进行分析。

根据分析，这个价格，虽然日方表明是总经理批准的，但根据情况看，此次降价是谈判者自行决定的。由此可见，日方的报价所含水分仍然不小，弹性很大。

基于此，中方确定"还盘"价格为 750 万日元。日方立即回绝，认为这个价格很难成交。中方坚持与日方探讨了几次，但没有结果。鉴于讨价还价的高潮已经过去，因此，中方认为谈判的"时钟已经到了"，该是展示自己实力、运用谈判技巧的时候了。于是，中方主谈人使用了具有决定意义的一招儿，郑重向对方指出："这次引进，我们从几家公司中选中了贵公司，这说明我们成交的诚意。此价虽比贵公司销往 C 国的价格低一点，但由于运往上海口岸比运往 C 国的费用低，所以利润并没有减少。另一点，诸位也知道我国有关部门的外汇政策规定，这笔生意允许我们使用的外汇只有这些。要增加，需再审批。如果这样，那就只好等下去，改日再谈。"中方主谈人接着说："A国、C 国还等着我们的邀请。"说到这里，中方主谈人把一直捏在手里的王牌摊了出来，恰到好处地向对方泄露，把中国外汇使用批文和 A 国、C 国的电传递给了日方主谈人。

日方见后大为惊讶，他们坚持继续讨价还价的决心被摧毁了，陷入必须"竞卖"的困境；要么压价握手成交，要么谈判就此告吹。日方一时举棋不定，握手成交吧，利润不大，有失所望；告吹回国吧，跋山涉水，兴师动众，花费了不少的人力、物力和财力，最后空手而归，不好向公司交代。这时，中方主谈人便运用心理学知识，根据"自我防卫机制"的文饰心理，称赞日方此次谈判的确精明强干，中方就只能选择 A 国或 C 国的产品了。

日方掂量再三，还是认为成交可以获利，告吹只能赔本。因此最后谈判就在中方的价格下成交了。

（资料来源：笔者依据相关资料整理）

从以上案例可以看出，中方的成功之处在于充分运用了证据收集整理与客观分析的方法。谈判中，证据的收集与整理是很重要的，尤其是在谈判前就掌握对方的一些优势和劣势，更有利于谈判的顺利进行。中方就是做到了这一点，因此能够在谈判中对日方的反驳应对自如，并加以反击，把握了谈判的主动权。

对于营销人员来说，应积极与客户接触、掌握详细的客户信息，但要把握适度的原则。如客户的生活尤其是家庭私生活不应该过细地调查，这样往往会适得其反，引起客户的不满。经济收入方面也是如此，不能过多地涉入客户的经济领域，那样会让客户没有安全感。但营销人员在与客户沟通时可以就彼此之间的共同爱好或话题进行对话，这样既不会让客户感到啰唆，又能增进彼此的友谊。在客户需要帮助时，在自己力所能及的范围内，给予客户最好的帮助。

合作过程中难免会发生冲突。一般认为，冲突对合作具有负面影响，因为处理冲突需要耗费一定的人力、物力和时间，如果处理不合理、不及时，将对合作造成难以挽回的影响；然而，冲突也具有正面和积极的作用，冲突可以将问题及早暴露，以便用较低的代价及时处理矛盾及障碍。

概括下来，客户冲突可能会出现以下情形。(1)销售人员服务态度不好。客户都有一种自我为上帝的心理，当"上帝"感受到为其服务的营销人员态度不好时，难免会发生冲突。(2)产品质量存在缺陷，客户消费是购买服务，一旦产品出现问题，冲突不可避免。(3)拖延产品交付时间，在约定的产品交付期内未能及时向客户提交产品。(4)营销人员夸大其词，主要表现为客户付款前后感受到的服务差距大，产生心理落差。

当发生冲突时，一定要谨慎处理，找出冲突原因，及时加强营销服务人员业务培训，强化沟通巧技能，避免造成损失。

第三节　合作中，认识彼此差异及应对

在与客户沟通合作的过程中会遇到很多障碍，客户来自不同的原生家庭甚至来自不同的国家，受到的教育程度不同，他们的价值观、信仰等都存在着众多的差异。与客户合作的过程就是找差异的过程，"巧"的沟通方，能够提前认识到这些差异，认同、尊重彼此之间的差异，进而才能从容地开展有效的沟通与合作。

一、立场差异及应对

【案例 3-4】

鹤鸣鞋店的广告

新中国成立前，南京有家鹤鸣鞋店，牌子虽老，却无人问津。老板发现许多商社和名牌店登广告推销商品。他也想做广告宣传一下。

但怎样的广告才有效益呢？店老板来回走动寻思着。这时，账房先生过来献计说："要学会换个角度思考问题，站在顾客的立场来看，顾客对广告是没有兴趣的，而他们最容易被神秘的东西吸引。只要你舍得花钱在市里最大的报社订三天的广告。第一天只登个大问号，下面写一行小字：欲知详情，请见明日本报栏。第二天照旧，等到第三天揭开谜底，广告上写'三人行必有我师，三人行必有我鞋，鹤鸣皮鞋'。"

老板一听，觉得此计可行，依计行事，广告一登出来果然吸引了广大读者，鹤鸣鞋店顿时家喻户晓，生意火红。老板很感触地意识到：做广告不但要加深读者对广告的印象，还要从读者的立场想问题，掌握读者求知的心理。

这则特别的商业广告，也显示出赫赫有名的老商号财大气粗的气派。从此，鹤鸣鞋店在京沪鞋帽业便鹤立鸡群了。

（资料来源：笔者依据调研资料整理）

鹤鸣鞋店想要吸引顾客，而顾客想要的并不是广告本身，买方和卖方站在不同的立场，他们的需求有很大的差异。而鹤鸣鞋店的账房先生认识到了彼此间的这种差异，抓住了人们的好奇心。

不同立场所产生的"甲方"与"乙方"关系，在利益的驱动下极易对立。因而在涉及利益沟通时，双方都会形成本位主义，考虑自我或小团体的利益，一方面利益受损方会坚持自己的立场不让步，另一方面既得利益者费尽心思。负面情绪极易在沟通过程中随意宣泄，使沟通过程中的对抗性更加激烈与复杂。在利益博弈时，应当先将问题接住，不可一上来便予以否定，那样只能把消极情绪调动起来，对于沟通目的毫无帮助。

二、年龄差异及应对

随着现代科技的迅速发展和社会环境的极大变化，新生代人的网络运用能力和思维方式较前人而言相差较大，从而在沟通中自然而然地也会产生障碍与困难。一直有这样一种说法：80后不好沟通，可是80后的人又说85后的人不好沟通，85后的人又说90后的人更难沟通。"前人"总是会抱怨"后人"跟不上自己的节奏，俗话说3年便是一个代沟，可见年龄差异确实会使沟通变得没那么容易。

与新生代客户沟通时，可以从以下两个方面着手，提高沟通质量。

（一）尊重差异，换位思考

新生代客户相比较而言社会经验稍有欠缺，对新环境、新圈子会不自觉地产生一种畏惧的情绪，这种情绪自然也会体现在沟通环节上。因而在沟通前可以换位思考，打消他们的畏惧感，并根据实际情况调节他们的情绪和价值认同。

（二）与时俱进，选择渠道

新生代客户在网络越来越普及的现代化社会环境中成长，对于新生事物的猎奇心理与运用网络的能力更胜一筹，可以说新科技时代是年轻一代的天下。因此，在选择与客户的沟通渠道时，可以适当地通过新生代客户喜欢和依赖的网络方式进行交流，如 QQ、微信等，甚至可以建立小型内部社会化网络平台。这些方式能够让新生代客户产生亲切感，有助于了解新生代客户的需求。

三、性别差异及应对

合作双方若性别不同时，男人常常会有"跟女客户说事情怎么这么麻烦，这么不好沟通呢"之类的疑惑。而女人又常常发出"为什么他们总是不能了解我的用心良苦呢"等的感叹。由于先天生理结构的差异，男人和女人在沟通交流方式上天差地别，这种差别不仅造成了不少不良沟通，甚至矛盾与误会也应运而生。

在沟通目的、沟通习惯与沟通结果等方面，男人与女人之间都大不相同。在沟通目的上，男人说话、做事大多是为了解决问题，目的性较强；而女人大多是为了沟通感情，期望建立良好的关系。在沟通习惯上，男人喜欢先讲结果，很快抓住重点马上解决；而女人则强调过程，将事情从头到尾说起，最后再归纳出事情的结果及原因。在沟通结果上，男人注重宏观层面，只要目的达成，很少吹毛求疵；而女人则关注微观细节，要求细节全部都完善。在与异性进行沟通时，应当理解对方的差异，并自我调适。否则，便只能在沟通失效时，发出一句"女人来自金星，男人来自火星"的无奈感慨。

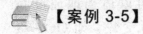 【案例 3-5】

印多少本宣传册

琳琳："有时间吗？"

大勇："怎么了？"

琳琳："我跟你说件事情啊，咱们不是在跟一个国企做合作项目吗？因为要办个活动，我现在负责做宣传册呢。但是我拿不定主意要做多少本。你不是在负责跟他们的主要工作人员进行接洽吗？我想问一下，他们那边怎么反应的呀？我这边数量定不好，不好跟印刷厂谈啊。他们自己的预算能是多少呢……"

听着琳琳一大长串的话，大勇心里无奈地想道：你到底想说什么呀？

专家点评：琳琳作为一名女性，习惯性地将事情原委一一道来，以感情交流的方式与大勇进行沟通，导致大勇无法抓住对话中的重点，产生云里雾里的感觉，信息无法有效传递。此时，琳琳应当针对沟通对象，改变一下沟通的语言，先将目的明确提出。

琳琳："此次与国企合作的项目有一个活动，需要印宣传册，现在得确定数量。作为与对方接洽的负责人，你有什么建议吗？"

这句话一出来，作为"一根筋生物"的大勇便能够立刻明白琳琳此次的目的为何："啊，这件事啊，还没有呢。"

琳琳："印刷数量不同，价钱也不同。我待会儿把价目表给你，你帮我问问对方的意见吧！"

大勇一听完全明白了琳琳的意思："没问题。我明天跟他们见面的时候就问。"

如此一来，此次沟通便大功告成了，大勇顺利地接收到从琳琳那里传来的信息，琳琳也成功地完成了此次沟通，很快便能够确定印刷数量。

（资料来源：笔者依据相关资料整理）

在客户沟通中，正视男女沟通的差异，相互理解，相互学习，方能提高沟通的效率。正如案例中，经过专家点评指正后的琳琳和大勇的沟通，语言更加顺畅，听起来更舒服，沟通自然也是更有成效的。

四、文化差异及应对

中华文明五千年，在时间与历史的积淀中，文化给中国人烙上了深深的中国印迹，而这些印迹也体现在中国人为人处世的方方面面。"含蓄"文化与长官意志在中国客户沟通中随处可见，"言多必失"

"先说先死""会上发表的意见不要太当真，会下交换的意见一定要认真"等便是其最好的体现。

（一）含蓄文化

沟通的重要性不言而喻，然而身处"含蓄"文化氛围中的中国管理者们，对于沟通的理解更多的只能是靠"悟"，其中的痛苦只有自己知道。往往很多时候是"悟"出来了，却错过了机会。

自原生家庭起，我们便深处在"含蓄"文化的氛围中。从社会文化的习惯来说，在中国的家庭里，夫妻之间比较不善于在别人面前表现私人的感情，特别不习惯于表露亲热相爱的情绪，觉得过分肉麻，所以夫妻关系显得清淡些；做父母的，对自己的孩子也较少当面夸奖、说好话，表露喜爱的感情，亲人之间好似有距离。不过这些都是中国家庭的感情表达方式。与之相反，有些民族，如意大利人等，则习惯于表露感情，男女夫妻在别人面前也毫无拘束地拥抱亲热，大胆表露喜爱、生气的各种感情。这是文化习惯造成的，因而含蓄在客户沟通中便显现了出来。

在开口说话之前，要谨慎小心，努力推敲弦外之音。很多时候我们心中有话不一定说出来，而要等着对方来猜；就算我们勉强说出来，也可能说得含含糊糊、不清不楚；而当我们说得很肯定的时候，对方就更小心了，因为说得斩钉截铁的话未必是真话。不了解的人，很难明白我们的真实意图，自然也就造成沟通障碍，因此要通过察言观色来沟通。

（1）察言。说话的速度、说话的音调、说话的节奏等，能帮助我们揣摩对方的心理。

说话的速度常常能反映一个人的心情，说话快的人突然慢下来，那他可能有些不满；而说话慢的人忽然加快语速，可能是在说谎或心中怀有愧疚。一般人说谎时，由于害怕事情被揭穿，音调会不由自主地提高。同时，为了反对他人的意见，也可能提高自己的音调。说话的节奏也很重要。节奏比较顺畅时，说明他很有信心；若张口结舌、吞吞吐吐，说明他缺乏自信。喜欢复述说话者的言辞，表示自己一直在注意听；一边听话一边点头，表示全神贯注，心无旁骛；自问自答的人，多半相当顽固；既不肯定又不否定的人，或许具有一定程度的神经质。

要准确做出这一类的判断，最好提醒自己：每一个人的观念都不太一样，必须平日多沟通，促进了解，把对方的价值观和人生观摸清楚，然后再来判断才会比较准确。特别是对一些精于世故的人，喜怒不形于色，很难从其表情上看出其内心活动。所以若非经过多次观察，最好不要轻率地加以判断。

（2）观色。只有既听他的话，又看他说话的样子，综合判断，才可以决定信或不信。表情比言语本身更能表达内心的动态。在人类的五官之中，眼睛是最敏锐也是最诚实的。而我们的面部肌肉就像拼图一样，可以分成一块一块的，可以根据它们的移动情况，分析"拼图"主人的情绪，喜怒哀乐都可以从中看出来。并且，这些肌肉也会"说话"，告诉我们它的主人对对方的态度。舒适柔和的脸部表情能够增添人的魅力；相反，就会使别人不舒服。

当我们与人沟通时，自己也处于被观察的位置，这就需要我们注意面部的表情了。心理学研究发现，一个长时间的微笑（持续 0.5 秒）比一个短时间的微笑（持续 0.1 秒）显得更真诚和更有魅力。

（二）尊重接纳不同文化

来自不同文化背景的人，沟通起来会有比较大的障碍。在外资企业纷纷涌入中国市场之时，越来越多的中国人在外资企业中工作，中国商人与外国商人开展业务的情况越来越普遍，中外文化的差异常常影响着双方的沟通效率。

例如，中国职场自古便有"酒文化"，酒过三巡方谈正事。"感情深，一口闷；感情浅，舔一舔"，在酒桌上，如果不把别人敬的酒喝完，便是不给面子，那么这桩生意也就遥遥无期了。但是，国外则不同，在与中国文化相近的日本，他们喝酒都是自己喝自己倒，喜欢喝多少就喝多少，甚至有自己的小酒壶。

美国作为世界第一大经济体，跨国公司更是多如牛毛，中国人与美国人打交道的机会非常多，但是中美之间存在着巨大的差异，沟通的方式也极为不同。美国人公私分明，工作与生活是两码事，即使晚上与自己一起愉快地吃饭，第二天谈判时依然不受影响，就事论事、公事公办；中国人则工作与生活混为一体，酒桌上达成的共识便可作为日后合作的依据。在讨论问题时，美国人喜欢据理力争，不讲情面，即使当时争得面红耳赤，事后依然能微笑面对；然而中国人则含蓄内敛，不喜欢争辩，保持着"万事留一线"的态度，给双方都留有面子。

【案例 3-6】

有空来坐坐

一位美国教师在中国任教，中国同事总是对她说："有空来坐坐。"可是，半年过去了，美国同事从来没有上过门。中国同事又对她说："我真的欢迎你来家里坐坐。如果没空的话，随时打电话聊聊也行。"一年下来，美国同事既没有来电话，也没有来访。奇怪的是，这位美国人常为没人邀请她而苦恼。

（资料来源：笔者依据相关资料整理）

中国亲朋好友及同事之间的串门很随便，邀请别人来访无须为对方确定时间，自己去探访别人无须郑重其事征得同意。美国人则没有串门的习惯。一年内遇到大节日，亲朋好友才到家里聚一聚。平时如果有事上门，事先要预约确切的时间。没有得到对方的应允，随便上门是不礼貌的行为。因此，美国同事对"有空来坐坐"这句话只当作虚礼客套，不当作正式邀请。无事打电话闲聊也是美国人视为打乱别人私人时间和活动安排的不礼貌行为。若想邀请美国人上门，应当诚心诚意地与对方商定一个互相都方便的时间。

在有关隐私方面，中国人在传统文化及社会制度的熏陶下，对于隐私权并不太在意，习惯向对方询问年纪或商品的价格，而这些恰恰是西方的文化禁忌。

差异的确会引发沟通中的不愉快，多了解其他国家的文化习俗，妥善避免因文化背景的不同而产生的误会和冲突是跨文化沟通的重点。跨越文化沟通需要开放和包容的胸襟，需要个体认同、尊重文化差异。这一点说起来容易，做起来却很难，很多人会抗拒文化差异，看不惯与自己的文化传统不同的东西。其实，从全球范围来看，中华文化只是人类文明的一个分支，大千世界，因为有差异，才异彩纷呈。只有当个体认同、尊重彼此之间的文化差异时，沟通才会更加顺畅。

第四节　合作中，请客户吃饭是门学问

中国的历史悠久，文化博大精深。商场宴请，实质是把双方谈判桌上的敌对关系潜移成酒桌上的伙伴关系。

请客户吃饭应该是销售员工作的一部分，许多没有达成的协议可以在饭桌上达成；许多合同细节上的争议可以通过吃饭解决；许多没有谈成的业务，可以通过一顿饭来谈成。因此请客户吃饭，在销售员的工作中应该是非常重要的。可有许多销售员因为不懂请

客户吃饭的技巧，反而适得其反，不仅花了钱还把事情办砸了。

一、谨慎邀请

当自己和所在公司及产品都没得到客户认可的情况下，就草率开口请客户出来吃饭，会被客户视为"庸俗""草率""急功近利"。这些负面标签一旦被客户打上，给客户的印象就很难修复。

好的销售员在请客户吃饭之前，都会有很周密的策划，会给吃饭一个明确的定义和任务。也就是吃饭的分类，是工作餐，还是为达到目的的攻关餐；是为了联络感情的聚会，还是为庆祝合作成功的庆祝餐。由于吃饭的意义、性质不同，所要达到的目的也不同。因此在吃饭前，自己心里一定要明确。

二、精心选择作陪人员

由于吃饭的意义不同，所要参加的人员自然不一样。很多销售员请客户吃饭时，对作陪的人员不加选择，结果由于作陪的人不会说话，或者很会说话，一顿饭吃完了，业务没谈成，倒让作陪的人和客户成了朋友。

三、懂得礼貌，安排好座位

这一点很多年轻的销售员都不太在意，在请客吃饭时，座位的安排没有长序，无形中得罪了客户。特别是在宴请政府官员或长辈时，一定要按顺序安排。

当我们进入餐厅后，直对门口的位置是主宾位，主宾位的右手是次宾位以此类推，主宾位的左手边是主陪位，一般这次参加宴会的主方级别最高的落座，以此类推。当然根据吃饭的性质不一样可做调整，但大体不要违反礼貌原则。

四、吃中谈，谈中吃

根据宴会的性质不一样，要保持不同的气氛。如果是要解决合同的未尽事宜或要攻关，先要倾听客户的意见，再根据情况做适当的洽谈。不要只顾洽谈而忘了吃饭，吃饭喝酒是谈判和攻关的润滑剂。当有冷场时，就以喝酒来活跃气氛，吃中谈，谈中吃，一切为了达成目的。

无论是何种性质的吃饭都不要出现：酒喝多了，胡说八道；有女士在场时，不要无所顾忌地讲荤段子；也不要粗话满天飞，更不要忘记了吃饭的目的。既要做到气氛活跃，不失高雅，诙谐幽默，又不要乱开玩笑，为了利益你争我夺互不相让，还要做到彬彬有礼。

总之，请客吃饭也是一种学问，是销售工作中必不可少的手段，用好了，无往而不利；用不好，也会影响销售业绩，得罪客户。

第四章

合作后的沟通巧技能

第一节 合作后，主动反馈

在与客户的合作之后，需要做出相应的反馈和回应，这样不仅能鼓舞信息的传送，还能激励客户深入沟通的意愿，否则对方会感到毫无乐趣，产生"跟他讲话好难"的印象，再次沟通就不那么容易了。

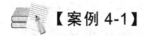 【案例 4-1】

相亲记

丁玲作为职场中的"白骨精"（即白领、骨干、精英的合称），性格活泼开朗、人见人爱，在工作上更是顺风顺水，年纪轻轻就当上了部门经理，是家人们眼中的骄傲。然而，她的个人问题也让家里人头疼不已，二十七八岁了还没有对象。实在顶不住压力，丁玲终于同意去见家人给她安排的相亲对象。

第二天，在约定地点，丁玲见到了相亲对象，是一位文质彬彬的男士。出于礼貌和习惯，丁玲发起了对话，然而这位男士却是个性沉默寡言的人，无论丁玲怎么努力去发起一个话题，也只能得到寥寥无几的几句回答，现场气氛可谓是枯燥而无趣。不一会儿，丁玲觉得自己快崩溃了，于是便找个理由告辞离开了。当走出咖啡厅时，丁玲瞬间觉得空气竟是如此的清新啊！

（资料来源：笔者依据调研资料整理）

反馈与回应会缔造良好的沟通氛围，并增强双方的互动。在沟通中，没人喜欢一动不动的"木头人"，除非在玩"木头人不许动"的游戏。聆听者的反馈与回应，不仅表明了他积极参与到沟通的流程中，同时也证明了聆听者对说话者的内容感兴趣。每个人的内心都有一个渴望被人认可的"儿童我"，当聆听者对说话者回应时，说话者能感受到对自己的认可，从而能够快速建立和谐友好的氛围。除此之外，反馈与回应是沟通中聆听者所做的闭环管理，能够让说话者确定聆听者是否明白、理解所说的内容，从而及时做出解释，降低信息被误解的概率。

用"心"沟通，用"心"回应，用"心"联结他人，有意识地增强沟通能力，才能够将自己的思想传达给他人，得偿所愿。

【案例 4-2】

星巴克的客户关系

星巴克是一个奇迹。它可能是过去 10 年里成长最快的公司之一，而且增长势头没有丝毫减缓的迹象。自 1992 年在纳斯达克公开上市以来，星巴克的销售额平均每年增长 20%以上。在过去 10 年里，星巴克的股价上涨了 2200%。星巴克也是世界上增长最快的品牌之一，它是《商业周刊》"全球品牌 100 强"最佳品牌之一，其品牌价值与上年相比增长 12%，是为数不多的在如此恶劣的经济环境下仍能保持品牌价值增长的公司。

不过，星巴克品牌引人注目的并不是它的增长速度，而是它的广告支出之少。星巴克每年的广告支出仅为 3 千万美元，约为营业收入的 1%，这些广告费用通常用于推广新口味咖啡饮品和店内新服务，如店内无线上网服务等。与之形成鲜明对比的是，同等规模的消费品公司的广告支出通常高达 3 亿美元。

星巴克成功的重要因素是它视"关系"为关键资产，公司董事长舒尔茨一再强调，星巴克的产品不是咖啡，而是"咖啡体验"。与客户建立关系是星巴克战略的核心部分，它特别强调的是客户与"咖啡大师傅"的关系。

舒尔茨认识到"咖啡大师傅"在为客户创造舒适、稳定和轻松的环境中的关键角色，那些站在咖啡店吧台后面直接与每一位客户交流的吧台师傅决定了咖啡店的氛围。为此，每个"咖啡大师傅"都要接受培训，培训内容包括客户服务、零售基本技巧及咖啡知识等。"咖啡大师傅"还要预测客户的需求，并在解释不同的咖啡风味时与客户进行目光交流。

认识到员工是向客户推广品牌的关键，星巴克采取与市场营销基本原理完全不同的品牌管理方式。星巴克将在其他公司可能被用于广告的费用投资于员工福利和培训。1988年，星巴克成为第一家为兼职员工提供完全医疗保险的公司。1991年，它又成为第一家为兼职员工提供股票期权的公司，星巴克的股票期权被称为"豆股票"（Bean Stock）。舒尔茨在自传《星巴克咖啡王国传奇》中写道："'豆股票'及信任感使得职员自动、自发地以最大热忱对待客人，这就是星巴克的竞争优势。"星巴克的所有员工，不论职位高低，都被称为"合伙人"，因为他们都拥有公司的股份。

星巴克鼓励授权、沟通和合作。星巴克公司总部的名字为"星巴克支持中心"，这表示对于那些在星巴克店里工作的"咖啡大师傅"们来说，公司管理层的角色是为他们提供信息与支持。星巴克鼓励分散化决策，并将大量的决策放到地区层面，这给员工很大的激励。许多关键决策都是在地区层面完成的，每个地区的员工就新店开发与总部密切合作，帮助识别和选定目标人群，他们与总部一起完成最终的新店计划，保证新店设计能与当地社区文化一致。星巴克的经验显示，在公司范围内沟通文化、价值和最佳实践是建立关系资产的关键部分。

另外，客户在星巴克消费的时候，收银员除了品名、价格以外，还要在收银机输入客户的性别和年龄段，否则收银机就打不开。所以公司可以很快知道客户的消费的时间、消费了什么、金额多少、客户的性别和年龄段等，除此之外，公司每年还会请专业公司做市场调查。

星巴克也通过反馈来增强与客户的关系。每周，星巴克的管理团队都要阅读原始的、未经任何处理的客户意见卡。一位主管说："有些时候我们会被客户所说的内容吓一跳，但是这使得我们能够与客户进行直接的交流。在公司层面上，我们非常容易失去与客户的联系。"

星巴克将其关系模型拓展到供应商环节。现在，许多公司都将非核心业务剥离，这使得它们与供应商的关系变得极其关键，特别是涉及关键部件的供应商。有些公司把所有完成的交易都视为关系，但是真正优秀的公司都认识到，在商业交易和真正的关系之间存在着巨大的差别，即是否存在信任，它们都投入大量的资源去培养与供应链上的合作伙伴之间的信任。

星巴克倾向于建立长期关系，它愿意通过与供应商一起合作来控制价格，而不仅仅是从外部监控价格，它投入大量的时间与金钱来培育供应商。在星巴克看来，失去一个供应商就像失去一个员工，因为你损失了培育他们的投资。星巴克对合作伙伴的选择可以说非常挑剔，但一旦选择过程结束，星巴克就非常努力地与供应商建立良好的合作关系。第一年，两家公司的高层主管代表通常会进行3～4次会面，之后，每年或每半年进行战略性业务回顾以评估这种合作关系。产品和产品的领域越重要，参与的主管级别就越高。

（资料来源：苏朝晖. 客户关系管理（第 3 版）. 北京：清华大学出版社，2016）

完整的客户沟通是一个系统，客户反馈正是沟通系统中的重要一环。星巴克利用客户反馈提高业务水平，增强与客户的关系。在与客户的沟通过程中，要认真对待客户的意见，这会帮助企业不断提升管理和服务水平。除关注客户反馈外，还要反馈客户，对于客户提出意见的修改方案可以反馈给客户，使客户感受到企业对其的重视，这样更能够加强彼此之间的关系。

第二节　合作后，及时联系

　　企业应利用一切机会加强与客户的沟通和交流，让客户感觉到双方之间不仅是一种买卖关系，还是合作关系、双赢关系。

一、有计划地拜访客户

　　一般来说，有着良好业绩的企业营销主管每年大约有 1/3 的时间是在拜访客户中度过的。对于客户的定期拜访，有利于熟悉客户的经营动态，并且能够及时发现问题和有效解决问题，有利于与客户搞好关系。

　　在与客户的沟通中，要根据客户给企业带来的价值不同进行"分级沟通"，即针对客户的不同级别实施不同级别的沟通。例如：对于重要客户，每个月打一次电话，每季度拜访一次；对于次要客户，每季度打一次电话，每半年拜访一次；对于普通客户，每半年打一次电话，每年拜访一次；对小客户，则每年打一次电话或根据实际情况联系。

二、经常性地征求客户的意见

企业经常性地征求客户的意见将有助于增加客户对企业的信任度和好感度。例如，对于重要客户，除定期电话沟通外，还可以不定期组织企业高层与重要客户之间的座谈会，听取重要客户对企业产品、服务、营销、产品开发等方面的意见和建议，以及对企业下一步的发展计划进行研讨等，这些都有益于企业与客户建立长期、稳定的战略合作关系。为了随时了解客户的意见和问题，企业应适当增加与其沟通的次数和时间，并且提高沟通的有效性。

三、及时处理客户的投诉或抱怨

客户的问题体现了客户的需求，无论投诉还是抱怨，都是寻求答案的标志。处理投诉或抱怨是企业向客户提供售后服务必不可少的环节之一，企业要积极建立有效的机制，优先、认真、迅速、有效及专业地处理客户正当的投诉或抱怨。

四、利用多种手段加强客户联系

企业要充分利用包括互联网在内的各种手段与

客户建立快速、双向的沟通渠道，不断地、主动地与客户进行有效沟通，真正地了解客户需求，甚至了解能影响客户购买决策的群体的偏好，只有这样才能够密切与客户的关系，促进客户成为企业的忠实合作者。

企业还应利用一切机会，如客户开业周年庆典，或者客户获得特别荣誉之时，或者客户有重大商业举措的时候，表示祝贺与支持，这些都能加深企业与客户之间的感情。

【案例 4-3】

招商银行走到高端客户背后

颐和园文昌院里，几株金色的桂花树幽雅开放，百年皇家之地此时熙熙攘攘，招商银行北京分行在这里为他们的高端客户——"金葵花"客户举办招待活动。看上去，这似乎是一个很老套的营销活动：很多单位此时都在举办类似的活动，招商银行年年也为"金葵花"客户举办这种活动。

不过，这次有点不同，与这些高端客户同时到来的还有他们的家庭成员。"我们还邀请了 3 名家庭成员同时参加。并为他们专门设计了相关活动。比如为女士准备的化妆礼品、为孩子们准备的毛绒玩具。这些都让此次招待活动变得很轻松。差别仅此而已吗？"招商银行北京分行行长助理刘加隆并不这样认为。"这次活动折射出来的是招商银行高端客户整体营销思路的改变，我们把营销的重点之一转向了客户的家庭，对中资银行来说，这还是第一次；更重要的是，我们不再把营销的重点放在丰富产品的低级层次上，开始导入全新的价值理念，让高端客户去认同我们的价值观。"刘加隆说。

"'金葵花'是2002年招商银行推出的专门针对高端客户的产品。"招行的一位负责人说。现在，"金葵花"已经成为招商银行的重要"财源"，以北京分行为例，不到1%的客户带来的是50%左右的存款，因此招商银行——一个营销倾向非常强的商业银行，对高端客户的营销非常重视。2003年7月18日，"金葵花"获得了中国首届杰出营销大奖，其投入的精力和财力由此可见一斑。

不但招商银行如此，其他各家商业银行对高端客户及其营销也都非常重视，谁都明白取得高端客户背后的重大意义。如今"各家商业银行都有专门针对高端客户的产品"，如工商银行的理财金账户、农行的金钥匙、民生的钻石卡，各家的营销都是各显其能。

各家银行针对高端客户的营销，"目前都处在完善产品、服务以及推广品牌等正规'阵地'上"，直接表现是各家都在努力延伸并大力宣传推广自己的高端产品链条和各项服务。如各商业银行竞相推出的人民币、外汇业务，工行的免排队、民生钻石卡的机场服务等。招商银行曾在产品和服务的完善上也是不遗余力的。招商银行的产品链条是中资商业银行中比较全的，而且业务排在了前三名。在服务上，招商银行也一直走在前列。

"现在各家银行的营销手法趋同，基本上都是在以上几个方面做文章，给人以眼花缭乱的感觉。"不过，这种眼花缭乱给人的感觉虽乱，但并不是真的乱，真正乱的是一些银行违反国家监管政策争夺客户，最典型的就是价格战。"为争夺客户，有的不断降低服务价格，有的则给出一些违反政策的或不切实际的高额回报。"

这种恶性的价格竞争，让不少商业银行处于泥潭之中而难以自拔。

"如果招商银行参加这种恶性竞争，将对我们造成很大的伤害。"招商银行的一位负责人说。因为"招商银行背后有强大的服务系统支持，很难参与这种价格大战"。

除此之外，在品牌建设中，招商银行似乎也走到了大幅提高的尽头，"我们始终是在重复以前的动作：宣传推广产品和服务。"与国外银行相比，品牌建设中没有导入属于自己的理念，这是国内中资银行品牌建设的相同做法。

"在强大的竞争压力之下和品牌建设压力之下，招商银行的营销思路开始转变。"

怎么变呢？方向来自招商银行的一项调查。

"经过调查，发现'金葵花'客户虽然各有特点，却有几个共性"，客户的年龄处在 30～45 岁之间，这个年龄段的人上有老下有小，所以普遍对家庭和子女教育有着强烈的关心。第二个特点是对健康的重视，这种重视甚至超越了财富和工作。同时，这些人对理财非常重视，对金融产品的价格并不敏感。"看到这份结果，我们眼前一亮"，于是，招商银行针对客户对家庭和子女教育重视的特点，形成了一套全新的高端客户营销方案。

"在这个方案中，我们设计了专门针对家庭的活动"，而且选择了中秋节这个对中国家庭有着特殊意义的时间。"我们这次活动取得了非常好的效果，标志就是客户的感动。"很多客户打电话给招商银行的客户经理表达了自己的感动，因为这些人虽然家庭观念较强，但由于工作时间很忙，他们较少和家人有这样的机会。家人的欢笑当然带给客户的是满意，同时，也能极大地稳定客户，毕竟这种力量对客户是最强大的。

据介绍，今后招商银行还将开展一系列的相关活动。"我们正在积极同有关环保组织、野生动物保护组织接触，在今年还要举办相关活动。"

"这些活动也将有利提升我们的品牌形象。"之所以选择这些活动，是因为招商银行想向其中导入一定的价值观念，如环保观念、家庭稳定的观念。"只有客户真正认同我们的观念，我们的客户资源才能稳定。"调查显示，招商银行客户资源的学历水平相对较高，对大多数问题都有自己的观点和理念。他们对理念认同有着更多的重视。

如果在这个环节上招商银行能够取得成果，无疑将在争夺高端客户上具有更强的竞争力。

（资料来源：招商银行——走到高端客户背后）

第三节　合作后，礼尚往来

在过节给客户送礼时，一方面要避免法律风险，价值过高的礼品随时会变成定时炸弹。高价礼品不仅让客户感到烫手甚至为难，而且也超出了日常关系维护的平衡点。另一方面，给客户送礼也是体现企业品牌文化的机会，如该公司新年时，给客户送上一本专属的日历，在日历中的重要节日上标注出客户的名字。这一礼物正好体现出该公司的特点，个性打印服务十分出色。除了企业与客户之间的公务来往之外，非公务之间的私人关系在送礼上也有一些学问，下面就一起来分析给客户送礼的技巧。

一、给客户送礼，别出心裁能讨巧

中秋节是人际交往很重要的一个节日，给客户送礼，能与客户有一个面对面的接触机会，可进一步地沟通交流，是促进彼此关系的良机。而且，客户在节日里收到礼物，也会比较高兴。

在竞争日益激烈的社会中，对不少公司来说，在中秋节给客户送礼，一方面能表示感谢之意，同时也能巩固、加强公司与客户之间的良好关系。据网络调查，有47%的公司认为"给客户送礼对加强与客户的沟通是有效果的"或"很有效果"，另外39%的公司认为至少"有点效果"，只有2%的公司认为给客户送礼毫无益处。

不过，如今月饼并不是稀缺品，很多客户每年收到的月饼堆积如山。其实，可以别出心裁一些，在同等价位下，给客户送精美的吃月饼用的刀叉，这样反而能给他们留下印象。另外，送红酒、茶饼、茶叶等当地的土特产品也比送月饼来得更受欢迎。一般来说，如果客户岁数在40岁以上，礼品可以考虑保健器具，主要针对腰椎、颈椎等的护理；如果客户是个前卫时尚的人，那品牌笔、领带、钱包、香水、打火机、球拍等礼物最常用；如果客户是有车一族，可以送给他们一些车上用品，如空气净化器、车用吸尘器、冷热箱、车上饰品等，实用且很特别。

二、给客户送礼，实用排第一

对客户来说，礼物贵贱不是最重要的，重要的是心意，能让客户感觉到送礼者仍在关心他，就会格外高兴。所以，去拜访客户时，根据他的需要送实用礼品是个明智的选择。

如果客户是老年人，就送一些健康类产品。所谓送健康，是指保健器材、保健品、营养品等，既能显示对老人的尊敬，又有益于老人身体健康。一些保健器材可以通过改变运动难度，并根据配备的电子仪表的显示来指导、调整锻炼者的锻炼强度，是很合适的礼物。此外，营养保健品、保健枕、脊椎医护腰垫、微电脑按摩垫等，也是很实用的节日礼品。

除此之外，水果礼篮也比较适合送给老年人。花篮内装有水果，旁边插上些鲜花，如马蹄莲、百合或鹤望兰等，就是一份既实惠又得体的礼物。

三、给客户送礼，要选对时机

给客户送礼怎么送，这也是需要技巧的。作为公关高手或一名优秀的业务员，必备素质之一就是会送礼。给客户送礼怎么送？如果你和客户很熟，就可以把对方约出来，一起吃个饭，喝个茶，然后在这个过程中把礼物给到对方。如果对方很忙，就可以直接送到办公室去，但是礼物一定不能外露。另外，要在只有你和他在的时候，才把礼物拿出来，如果他身边有其他人，礼物一定不能送出。为了减少对方的尴尬，也可以利用快递公司把礼物送到办公室或对方家里，但是一定要记得，在快递公司粗陋的包装下，你一定要给礼物做个精美的包装，并写上一张心意卡。如果送礼物时被办公室其他人看见，难免会给客户惹来闲话，客户为了避免这种嫌疑，多半会拒绝你。当然，逢年过节的一些常规性的礼物不在此列，如中秋送月饼、端午送粽子、春节送果篮，这些礼物可以让客户和同事一起分享,因此也提升了你在对方办公室的人缘。

四、给客户送礼不送最贵的,只送最对的

送还是不送,这已经不是一个问题。稍微有几年工作经验的人得出的共识:给客户送礼是必要的。通常来讲,是乙方给甲方送礼。给客户送礼,实际分很多种类型:一是维护和联络感情,方便和客户沟通;二是向对方为自己做的事表示感谢;三是表示对对方的尊重;四是让别人知道你记得他;五是表示祝贺和祝福;六是表示你对他的关心……而新手只需要记住的是,无论送礼有多少种类型、有多少种目的,但一定不要表现得太急功近利,或者至少不能让对方觉得你急功近利。

给客户送礼送什么?并不是越贵的礼物越好,有时因为是重礼,人家反而不敢收。所以礼物要送到点子上。之前要认真了解客户,包括他的家庭背景、家庭成员、职业履历、业余爱好,然后恰如其分地选择一份不是很贵、对方正需要的礼物。比如,对方的宝宝刚满月,就送一张带音乐的漂亮的玩具毯,这就肯定会让对方喜欢。给客户送礼,选择礼物最忌讳的是给每个人都送同一种礼物。如果让对方知道,会觉得你是在打发他们,没有诚意。所以,给客户送礼,选礼物一定要根据客户不同的兴趣、性格、品位、需求来定,那些富有特色、能体现心思又不太贵的礼物,才恰到好处。另外,选择礼物一定要分出"级差",

也就是要区别对待，如果给位置高的人和位置低的人送一样的礼物，位置高的人就会觉得自己没有受到重视。

让客户觉得舒服，是给客户送礼的第一要务。平时给客户送礼，一定要淡化礼物的贵重与特殊。其实你不说，客户也能体会到这份礼物的价值和你所花的心思。比如，约一位女性客户出来吃饭，就可以给她带条当季流行的丝巾，用很随意的语气说："我刚好碰到，就给你带了一条。"或者给一位男士客户送一瓶红酒，就可以说："我一个朋友出国给我带了两瓶，我就给你带了一瓶过来，让你这位红酒高手来品品这酒怎么样？"又或者给对方的孩子送一套衣服，就可以说："我刚好给自己的宝宝买衣服，就顺便也给你的宝宝带了一套，也不知道他（她）喜不喜欢。"越是把礼物说得"随意"，接收的人心理压力就越小，越是把礼物说得正式，收礼的人心理压力就越大。

▶▶ 巧技能 15

礼尚往来技巧

给客户送礼流程：

1. 把握恰当时机，师出有名；
2. 了解客户需求，关爱客户；
3. 选择最优方案，收藏礼物；
4. 高效执行预案，最好当面；
5. 事后评估细节，不图回报。

不要忽视客户身边"小蜜蜂"：

1. 秘书、助理；
2. 配偶或男女朋友；
3. 父母、孩子；
4. 司机；
5. 好友、闺蜜。

参 考 文 献

[1] 刘澜.管理十律：商学院不教的临床管理学[M].北京：机械工业出版社，2015.

[2] [美]奥罗可.管理沟通：以案例分析为视角(第 4 版).康青译.北京：中国人民大学出版社，2011.

[3] [美]保罗·D·泰戈尔，巴拉拉·布朗·泰戈尔.不必火星撞地球：避开交际中的性格缺陷.殷红姣译.北京：机械工业出版社，2014.

[4] [美]戴尔·卡耐基.沟通力：卡耐基最受欢迎的口才技巧和处世艺术.吴倩译.北京：中华工商联合出版社，2014.

[5] [美]乔迪·格里克曼.这样沟通最有效：10 种沟通技巧帮助你提高工作效率(修订本).王瑶译.北京：电子工业出版社，2015.

[6] [美]罗伯特·西奥迪尼.影响力[M].闻佳译.沈阳：万卷出版公司，2010.

[7] [美]丹尼尔·戈尔曼.情商【实践版】[M].杨春晓译.北京：中信出版社，2016.

[8] [美]彼得·德鲁克.管理的实践[M].齐若兰译.北京：机械工业出版社，2013.

[9] 岳晓东.决策中的心理学[M].北京：机械工业出版社，2010.

[10] [美]贝纳德.哈佛家训[M].张玉译.北京：中国妇女出版社，2010.

[11] 曾仕强.人际的奥秘[M].北京：北京联合出版公司，2015.

[12] 黄光国，胡先缙.面子：中国人的权力游戏[M].北京：中国人民大学出版社，2004.

[13] 秦晖.传统十论：本土社会的制度、文化及变革[M].上海：复旦大学出版社，2003.

[14] 余世维.有效沟通[M].北京：北京联合出版公司，2012.

[15] 刘平青等.员工关系管理：中国职场的人际技能与自我成长[M].北京：机械工业出版社，2017.

[16] 刘平青等.管理沟通：复杂职场的巧技能[M].北京：电子工业出版社，2016.

[17] 刘平青等.领导力与项目人力资源管理[M].北京：机械工业出版社，2013.

[18] 蔡富强.把话说到客户心里去[M].济南：山东文艺出版社，2017.

[19] 张海良.营销中的心理学[M].北京：清华大学出版社，2011.

[20] 德老师.最狠的服务：服务赚钱的8个绝招[M].北京：北京联合出版社，2012.

[21] 吴凡.把话说到客户心里去[M].苏州：古吴轩出版社，2016.

[22] 邵雪伟.客户沟通技巧[M].北京：电子工业出版社，2016.

[23] 张丽琍等.商务沟通：与客户服务[M].北京：中国劳动社会保障出版社，2004.

[24] 宗权.带好团队赢得客户[M].北京：人民邮电出版社，2014.

[25] 苏朝晖.客户关系管理:客户关系的建立与维护(第3版)[M].北京：清华大学出版社，2014.

[26] 王宏.销售人员岗位培训手册[M].北京：人民邮电出版社，2007.

[27] 王广宇.客户关系管理方法论[M].北京：清华大学出版社，2004.

[28] 赵溪.客户服务导论与呼叫中心实务[M].北京：清华大学出版社，2009.

[29] 夏永林，顾新.客户关系管理理论与实践[M].北京：电子工业出版社，2011.

[30] [美]葛兰杰.说服每一个重要客户[M].张如玉译.北京：东方出版
社，2010.

[31] [美]马克斯韦尔，迪克曼.商业说服宝典："讲故事"推销法[M].
廉晓红等译.上海：上海译文出版社，2009.

[32] [美]拉克哈尼.超级说服：高手们不想让你知道的营销和影响力绝
密[M].屈云波，詹德东译.北京：企业管理出版社，2009.